NCS를 기반으로 한 '비서·사무직'의

비즈니스 영문서

Business Correspondence

PREFACE

본 교재는 비서/사무직에서 사용할 수 있는 비즈니스 영문서에 대한 기초내용을 종합적으로 수록한 것으로, 비즈니스 영문서를 처음 접하는 사람도 혼자서도 학습할 수 있을 정도로 쉽게 설명하고 있다.

최근 대학교육현장에서 국가직무능력표준(NCS, National Competency Standards)이 강조되면서, 산업현장에서 직무를 성공적으로 수행하기 위한 지식, 기술, 소양 등을 위주로 한 NCS기반의 교재를 선호하고 있다. 이러한 배경을 기반으로, 본 교재는 비서/사무직에 진출하여 바로 사용할 수 있는 영문서에 대한 입문서를 준비하였다.

본 교재의 특징은 다음과 같다.

1. 처음 영문서를 접하는 사람도 스스로 학습할 수 있도록 기초부터 아주 쉽게 설명하고 있다.
2. 각 단원마다 명확한 'NCS기반의 학습목표'를 제시하고 단원이 끝나면 'NCS기반의 종합연습문제'를 통하여 학습자의 실력을 체크해 볼 수 있도록 구성하였다.
3. 단원이 끝날 때마다 핵심내용을 정리하는 '정리페이지'를 두어, 해당단원의 내용을 총 정리해 볼 수 있는 기회를 제공하였다.
4. 각 단원 마다 꼭 필요한 문법 정리를 통하여 문법 스킬 까지 향상될 수 있도록 구성하였다.
5. 특히 NCS를 기반으로 한 비서/사무직에 꼭 필요한 실무 예제를 다양하게 제공하고 있으며, 예제 또한 저자들이 수년에 걸쳐 직접 모은 실제 자료(이메일 자료, e-ticket 샘플들, 호텔 예약 확인서, 우편 자료 등)로 제시하고 있어 현실감을 높이게 하였다.

본 교재는 이론과 실무를 결합한 예제를 제공함으로써 NCS를 기반으로 한 비서/사무직의 비즈니스 영문서 입문편 교재로 활용하기 좋게 구성하였다. 부디 본 교재를 통해 영문서를 잘 활용하여 전문 비서/사무직의 직무를 성공적으로 수행하기를 바란다.

2016. 6.

정성휘 · 김미경

CONTENTS

CONTENTS

CONTENTS

Unit 01

비즈니스 영문서의 종류와 작성 원칙

● 이번 단원에서는?

'영문서'라고 말하면 시작도하기 전에 머리가 아파오고 속이 울렁거리시는 분들 계시죠? 하지만 걱정하지 마세요. 이번단원은 영문서와 친해지기 위한 단원입니다.
우선 영문서의 종류에 대해 학습하고, 기본적인 작성원칙에 대해 공부해 보는 것부터 시작해 보도록 하겠습니다.

● NCS 기반의 학습목표

1. 사용목적에 따른 영문서의 종류를 정확하게 파악할 수 있다
2. 영문서의 기본작성 원칙을 정확하게 이래하고 상사의 지시에 따라 영문서를 작성할 수 있다.

1. 영문서의 종류에는 무엇이 있을까?

1) Business Letter (비즈니스 레터)

2) Invitation (초청장)

3) Announcement (안내장)

4) Resume (이력서)

5) Interoffice Memorandum (사내 메모)

6) Minutes (회의록)

7) Business Report (사업 보고서)

8) Fax Cover (팩스 커버)

9) Email (이메일)

2. 영문서의 작성원칙

1) Tone (어조)

2) Outlook (관점)

3) You approach (상대방을 위주로 한 접근법)

4) Avoiding redundancy (동의 반복 피하기)

5) 기타 원칙들

- Grammar Check! I would like to 동사원형
- 정리하고 넘어갑시다!
- NCS기반의 종합연습문제

1. 영문서의 종류에는 무엇이 있을까?

1) Business Letter (비즈니스 레터)

이메일의 사용이 보편화 되면서, 아직도 Business Letter를 '진짜로' 사용할까? 하는 의문을 가지고 있는 사람들이 많겠지만, 실제로 여전히 Business Letter는 기업과 개인 간, 기업과 기업 간에 많이 사용되고 있다.

MWK Systems Inc.
5002 Lake Austin Blvd Suite 201
Austin, Texas 78703
(512)390-7167 Fax (512) 390-7168

April 3, 2016

Ms. Shirley Furtney
7525 Tree Lane, APT 226
Austin, Texas 78703

Dear Ms. Furtney :

Thank you for your applying for the position of sales manager. I've received your application and related documents. I will let you know the next schedule no later than April 15.

I appreciate your interest in our company again.

Sincerely,

Lynn Stanke

Lynn Stanke
HR Manger

LS:kmk
Enclosure

cc: Mr. Park, Sales Managing Director

2) Invitation (초청장)

공식적인 행사의 경우(reception(리셉션), open house(공개일), or formal social gathering (공식적 사교 모임))는 formal invitation(공식적인 초대)을 요구하며 내용은 개인적이지 않으며 3인칭으로 쓰여져야 한다. 또한 formal invitation의 경우 R.S.V.P. Notation을 포함해야 한다.

R.S.V.P.가 무엇인가요?

R.S.V.P. 라는 말은 원래 불어에요. 이를 영어로 바꾸면, "Please, reply"입니다. 즉, 참석 가능여부를 알려달라는 표현(가능, 불가능 모두 알려주기)이에요.
또 하나 같이 알아 둘 표현은 "Regrets only"입니다. 이는 참석하지 못하는 경우에만 호스트에게 사전에 알려 달라는 표현이에요.

Roosevelt and Shirley Furtney
request the pleasure of your company
at a dinner party
on Wednesday, the third of July
at six o'clock
at Sunshine Room of the Empire Hotel

R.S.V.P.
Georgia Geiger
010-5250-4204

Exercises

- 초대의 주체는 누구인가요?
- 행사 일시는 언제인가요?
- 참석여부는 누구에게 알려주어야 하나요?

Exercises

- 여러분은 Ms. Claire Brown 회장님의 비서입니다. 얼마 전 새로운 사장님 Mr. Kaiden Kwon이 취임하셨습니다. Brown회장은 그의 취임을 축하하는 formal reception을 개최하고자 합니다. 비서인 여러분은 초청장을 작성해야 하며, 구체적인 시간과 장소 등은 다음과 같습니다. 행사준비를 위해 참석자의 수를 알아야 하는데 불참자에게만 연락을 받고자 합니다.
- 언제: 10월 10일(토요일), 저녁 7시에서 10시
- 어디서: Chosun Hotel, Grand Ball Room

Ms. Claire Brown
requests the honor of your presence
at a formal reception
to introduce
Mr. Kaiden Kwon, our new President
on Saturday, October tenth
seven to ten o'clock in the evening
Chosun Hotel, Grand Ball Room
Cocktails will be served

Regrets only

- formal invitation에서는 정렬을 어떻게 해야 하나요?
- 시간과 날짜가 써져 있는 부분에 밑줄을 긋고 어떻게 써져 있는지 살펴봅시다.
- 초청장 아래쪽의 Regrets only라는 표현은 어떤 뜻인가요?

Exercises

아래 힌트에 나오는 단어들을 사용하여 괄호를 채워 보세요.

- 여러분은 Mr. Eric Brown 회장님의 비서입니다. 얼마 전 여러분의 회사에 새로운 사장님이신 Ms. Kaylee Kim이 취임하셨습니다. Brown회장은 그녀의 취임을 축하하는 dinner party를 개최 하고자 합니다. 비서인 여러분은 초청장을 작성하셔야 하며, 구체적인 시간과 장소 등은 다음과 같습니다. 행사준비를 위해 참석자의 수를 알아야 하는데 참석여부에 관한 연락을 받고자 합니다.
- 언제: 11월 14일(토요일), 저녁 6시에서 9시
- 어디서: Intercontinental Hotel, Rose Room

(사람이름)

( ) the ( ) of your presence

at a ( ) ( )

to ( )

(사람이름), our new ( )

on Saturday, ( ) ( )

( ) to ( ) o'clock in the evening

( ) Hotel, Rose Room

Cocktails will be served

( )

Jina Lee

82-32-870-2356

Hint 다음의 단어 들을 선택해서 활용하세요.

request introduce honor

3) Announcement (안내장)

Openings(개업), mergers(합병) 또는 promotions(승진)와 같은 공식적인 행사나 비공식적인 행사를 Announcement(안내장)형태로 알릴 수 있다. Formal Announcement(공식적 안내문)는 초청장과 비슷한 어조와 형태를 띠게 되고 실제로 이 둘의 형태를 복합시킨 Combination Announcement(복합된 형태의 안내문)의 형태도 종종 볼 수 있다.

① Combination of Announcement & Invitation의 예 (안내+초대)

The WESTWOOD Company
is pleased to announce the appointment of
Ms. Eunae Kim
as its new vice-president
and requests the pleasure of your company
at a reception in her honor
Thursday, the twelfth of March
at five o'clock

The Hillside Hotel Room 408

② Formal Announcement의 예 (안내만)

Dr. Kaiden Kwon
announces the opening of his new dental clinic
5002 Lake Austin Blvd.
Suite 1A
Ausitn, Texas

(508) 390 - 7485

③ Informal Announcement(비공식적 안내문)의 예

To: All Personnel
From: Aiden Hart, Vice President
Date: March 23, 2016
Subject: The New CFO

We are pleased to announce the appointment of Ms. Minkyung Kim to the position of CFO.

Ms. Kim has been with DOCS for 5 years as manager of Finance. She attended Hankuk College and Daehan University, where she earned a Master's Degree in Finance.

I am sure that you will all join me in extending congratulations to Ms. Kim and best wishes for her future here at DOCS.

I will let you know the specific schedule for the party no later than the end of this month.

AH

Exercises

- 위의 Informal Invitation은 누가, 누구에게 어떠한 이유로 알려주는 것인가?
- CFO로 부임한 Ms. Kim은 외부에서 DOCS사로 부임하시는 분인가?
- 추후 일정은 언제까지 알려주기로 하였나?
- 맨 마지막에 AH가 뜻하는 것은 무엇인가?

4) Resume (이력서)

Resume는 data sheet 또는 curriculum vitae라고도 불린다. 이력서에는 자신의 연락처를 비롯한 기본 정보, 갖추고 있는 자질, 교육적 배경, 그리고 경력에 관한 부분들이 기술되며, cover letter(자기소개서)와 함께 자신의 첫 이미지를 만들어 내는 중요한 서류이기 때문에 프로페셔널 하게 작성되어져야 한다.

비서과 졸업생의 실제 이력서를 살펴보도록 하자.

Kaylee Kim

Greenpark Apt. 101-101, Gaebong 2-dong, Guro-gu, Seoul, 08331
(02)1111-2222 / 010-7777-7777
kayleekim78@naver.com

OBJECTIVE A position as a secretary with opportunities with opportunities to use computer skills, exercise initiative judgment and assume responsibilities.

EDUATION

March 2015~ Present	Department of Secretarial Studies, Inha Technical College, Incheon

Major Courses (GPA: 3./4.5)**

Secretarial Procedures	Secretarial Science
Business English	Management
Accounting	Word Processing
Human Relation	Chinese Conversation

March 2015~ February 2015	Guil High School, Seoul

EXPERIENCE

June 2015~ July 2015	(Part-time) Office Assistant, Guro-gu District Office

SKILLS

Computer	Computer Literacy Test 2nd Class	KCCI, March 2016
	Word Processing Skills 1st Class	KCCI, June 2015
management	ERP Information Management 2nd Class	KPC, December 2015
Languages	TOEIC 540	
	Basic Conversation in Chinese	
	Basic Secretarial Conversation in English	

ACTIVITIES

May 2015	Field Learning Trip (Inha Technical College)
November 2015	Service Mind Training Program (Korean Air & Inha Technical College)
December 2015	Career Camp (Inha Technical College)
January 2016	Korean Language Training (Inha Technical College)
May 2016	Power Point Competition (Inha Technical College)
May 2016	Prezi Tutoring (Inha Technical College)

REFERENCES Available on request

5) Interoffice Memorandum (사내 메모)

우리가 흔히 Memo라고 부르는 단어는 원래 Memorandum이라는 말이 줄여진 것이다. 사내메모는 같은 조직 내에 있는 사람들 간에 주고받는 것이라서 상대적으로 informal하고 짧은 메시지로 작성이 된다. 사내메모는 announcements(안내장), instructions(지시사항), statements of policy(정책 진술서), and informal reports(비공식 보고서) 등을 포함한다.

Basic Motors, Inc. Memo

To : All Sales Representatives
From : Ken Smith, Sales Manager
Date : June 23, 2016
Subject : Rescheduling of Monthly Sales Meeting

The Sales Meeting has been cancelled. Instead of Tuesday, July 8, we will meet on

Wednesday, July 20 at 10:30 a.m.

in the Conference Room A-101. Please mark your calendar.

KS

6) Minutes (회의록)

우리가 분, minute 이라고 알고 있는 단어에 s를 붙이면 회의록이란 뜻이 된다. 회의록은 조직마다 그 포맷이 다르나, 아래와 같은 내용들이 주로 포함이 되어져야 한다. 공식적인 회의의 경우 누가 무슨 역할을 했는지 더욱 자세히 기재한다.

회의록 구성요소

- 조직의 이름
- 회의가 열리는 장소, 날짜, 시간
- 정기적으로 열리는 회의인지 (monthly, special, etc.)
- 회의를 주재하는(presiding) 사람의 이름
- 참석자명 (작은 회의의 경우 참석한 사람과 불참한 사람의 리스트, 큰 회의인 경우는 출석자와 불참자의 명수)
- 토의된 내용들
- 다음 회의의 날짜, 시간 장소
- 회의 종료 시간 (adjournment)

회의록 용어들 알고 갈까요?

• minutes	회의록
• call a meeting	회의를 소집하다
• call a meeting to order	회의를 시작하다, 개회를 선언하다
• present	출석한, 참석한 (출석자 이름 열거 할 때)
• absent	결석한 (불참자 이름 열거 할 때)
• make a motion	동의(안건)를 제출하다
• second the motion	재청하다 (동의에 대해 찬성하다)
• approve	승인하다
• pass	통과하다
• adjourn	(재판, 회의 등을) 중단하다, 휴회(휴정)하다
• discuss	논의하다
• preside	(회의, 의식 등을) 주재(주도)하다
• adjournment	휴회

- motion : 동의 / 회의 중 토의할 안건을 제기함 / 또는 그 안건

St. Louis MEDICAL CENTER
Minutes of the Monthly Meeting
Medical Audit Committee

- DATE: June 25, 2016
- PRESIDING: Mikyung Kim (Chairperson)
- PRESENT: Sumi Kang
  Suyoung Lee
  Sujin Chang (Secretary)
  Eunhee Yoo
  Suhyun Cheong
- ABSENT: Yubin Lee

Dr. Mikyung Kim called the meeting to order at 12:45 p.m. Dr. Sumi Kang made a motion on..............................

The motion was seconded and passed.

The committee discussed and took action an the following topics.

(1) TOPIC: Meeting Time

Discussion: The most convenient time for the committee to meet.

Action taken: The committee decided to meet on the first Tuesday of every month at 12:30 p.m.

(중략)

다음 회의 날짜, 시간, 장소 등이 표기 됨

The meeting was adjourned at 2:00pm.

7) Business Report (사업 보고서)

보고서도 formal한 것과 informal한 것으로 나눌 수 있으며, informal report(비공식 보고서)에서는 "I"나 "We"라는 표현이 쓰일 수 있지만, formal report(공식 보고서)에서는 3인칭으로 작성되어져야 한다.

어떤 문장이 formal report에 어울릴까요?

- ☐ I recommend that the winter campaign concentrates on newspaper and radio advertising.
- ☐ It is recommend that the winter campaign concentrates on news paper and radio advertising.

==

- ☐ After discussing the matter with our department managers, we came up with the following information.
- ☐ The following report is based upon information provided by the managers of the Accounting, Marketing, Personnel, and Advertising Departments.

Informal Reports는 Memo 또는 Letter의 형식을 띨 수도 있고, 아니면 편의를 위해 인쇄된 양식 등으로 사용 될 수도 있다.(예: 출장비용 보고서)

Formal Reports는 Informal Reports와는 달리 내용이 길어지며, 다음과 같은 구성요소들을 갖추고 있어야 한다.

- Title Page
- Table of Contents
- Introduction
- Summary
- Body
- Conclusion
- Recommendations
- Appendix
- Bibliography

① Informal Report의 예 (Travel Expense Report)

Travel Expense Report

NAME :
DEPARTMENT :
DATE:

DESTINATION:
DATES OF TRAVEL:
PURPOSE OF TRIP:

TRANSPORTATION:	**$**
HOTEL:	**$**
CAR RENTAL:	**$**
MEALS:	**$**
OTHER (Itemize) :	**$**
TOTAL:	**$**

(For proper reimbursement be sure to attach all receipts.)

② Formal Report의 예 (Report Title Page_제목 페이지)

RECENT DEVELOPMENT IN OFFICE TECHNOLOGY

Prepared by
Ken Kim, Purchasing Manager

Prepared for
Mr. Jaden Lee, President

July 8, 2017

③ Formal Report의 예 (Table of Contents)

TABLE OF CONTENTS

8) Fax Cover (팩스 커버)

팩스를 보낼 때 내용물만 보내는 것 보다는 커버와 같이 보내는 것이 공식적인 문서라는 느낌을 주기 때문에 팩스를 보낼 때 팩스 커버와 함께 송부하는 것이 좋다. 특히 팩스 커버에 총 몇 페이지에 해당되는 문서를 보내는지 꼭 명시해 줌으로써, 상대방이 문서를 모두 수신했는지 의문이 남지 않도록 하는 것이 중요하다.

FAX COVER SHEET

TO:	FROM:
COMPANY:	DATE:
FAX NUMBER:	TOTAL NO. OF PAGES: ※중요!※ (including this page)
PHONE NUMBER:	
RE:	

☐ URGENT ☐ FOR YOUR REVIEW ☐ PLEASE COMMENT ☐ PLEASE REPLY

NOTES:

총 페이지수를 어디서 확인하나요?

위 문서에 보면 TOTAL NO. OF PAGES: 라는 부분이 있지요? 여기서 확인이 가능하고 including this page란 이 커버페이지를 포함하여 라는 뜻이니까, 커버 포함 OO장 이라는 소리가 됩니다. 예: TOTAL NO. OF PAGES: 7(including this page) → 커버포함해서 총 7장이라는 뜻

9) E–mail (이메일)

이메일에서는 Business Letter에서 사용하는 형식적인 구성요소들 중에서 많은 부분을 생략하고 간략한 형태로 사용한다.

Move to Inbox | More

회신: Re: Greetings and Inquiry

mwkwon <mwkwon@gmail.com> 11/12/15

to Alexis

Dear Professor Alexis Weedon,

First, thank you for your previous email regarding my revised manuscript resubmission. With respect to it, if you don't mind, I would like to ask whether there is any updates.... the journal system still shows me the status : Not Assigned (Awaiting Admin Processing).
If you don't mind, please let me know. Thank you again for your favor, Professor Weedon.

Sincerely,
Min-Woo Kwon

이메일의 구조에 대해서 알아볼까요?

from:	saebom97@naver.com → 시스템 자동 입력
to:	mkkim78@gmail.com
date:	2016년 1월 6일 오후 1시 20분 → 시스템 자동 입력
cc:	mwkwon@gmail.com → to에 쓰여진 수신인과 이 편지를 같이 받는 사람을 의미함
bcc:	foremost762@gmail.com → to와 cc에 쓰여진 사람들이 모르게 이 편지를 같이 받는 사람을 의미함
attachment:	resume_Mikyung Kim.doc

Dear Ms. Kim, → Salutation

Body

Sincerely, → Complimentary Closing

Saebom Jeong → Writer's name

- 이메일의 구성 요소
  - To (수신인) : 상대방 메일 주소

    From (발신인) : 내 메일주소 자동 입력 됨
  - Date (발신 날짜) : 시스템 자동입력 ⎦ 자동으로 입력됨
  - Subject (제목) : 본문의 내용을 요약하여 나타낼 수 있는 어구로 표기
  - Body (본문 내용)
  - CC (참조) : Carbon Copy의 약어로 본 수신인과 같이 이메일을 받아 볼 사람(들)의 이메일 주소
  - BCC (숨은 참조) : Blind Carbon Copy의 약어로 본 수신인이 모르게 이메일을 같이 받아볼 사람(들)의 이메일 주소
  - Attachment (첨부파일) : Business letter에서의 enclosure, 즉 문서나 그림 파일등을 의미

2. 영문서의 작성원칙

1) Tone (어조)

딱딱하고 강경한 어조 보다는 자연스럽고 부드러운 어조를 사용하도록 한다.

같은 뜻, 다른 느낌의 문장을 살펴볼까요?

- ☐ With reference to your order for a SSU camera, we are in receipt of your check and are returning same.
- ☐ We have received your order for a SSU camera but, unfortunately must return your check.

- ☐ For your information, there are many retailers in your town who carry SSU cameras. Please find the attached document of said dealers. Hoping you understand.
- ☐ Nevertheless, we sincerely appreciate your interest in SSU products. We are therefore enclosing a list of retailers in your community who carry a full line of our cameras.

2) Outlook (관점)

사안이 별로 좋지 않아도 예의를 지키고 최대한 긍정적 어휘를 사용하도록 한다. 어려운 문장을 쓰지 않아도 "Thank you" or "please"만 붙여도 더욱 더 예의를 갖춘 편지로 완성될 수 있다는 점을 잊지 말자. 또한, 읽는 사람을 비난하는 말투는 절대 금물이다. (예: your error(너의 실수), your fault(너의 잘못))

두 문장 중 더 바람직한 문장을 찾아보세요.

- ☐ I have received your order.
- ☐ Thank you for your recent order.

- ☐ Because you have not paid your overdue bill, ...
- ☐ Because the $200 balance on your account is now over sixty days past due,....

3) You approach (상대방을 위주로 한 접근법)

글 쓴 사람이 아닌 읽는 사람의 입장에서 서술해야 한다.

두 문장을 읽고 비교해 보세요.

- Please accept our apologies for the delay.
- We hope you have not been seriously inconvenienced by the delay.

위의 문장 보다는 아래 문장을 읽었을 때, 글을 읽는 "나"를 더 생각해주고 염려해 주고 있다는 느낌이 든다. You approach는 꼭 "I"나 "We"로 시작되는 문장을 쓰지 말라는 의미는 아니다. (글쓴이 자신을 언급할 때는 "I"를, 회사 자체를 언급할 때 "We"라는 표현이 가능하다.)

4) Avoiding redundancy (동의 반복 피하기)

Don't use	Use
and et cetera	et cetera
both together	together
cooperate together	cooperate
enter into	enter
forward by post	mail
free gift	gift
past experience	experience
repeat again	repeat
send an answer	reply
whether or not	whether
write your name	sign

※ 같은 의미의 단어를 중복해서 쓰지 않도록 한다.

5) 기타 원칙들

- 문서의 세련된 외관 (letterhead나 종이의 질 등)
- 부정적인 어휘 보다는 긍정적인 어휘로 표현
- 공손하고 진실한 마음을 담아 작성
- 실수하지 않고 검토하여 완벽한 문서로 작성

Grammar Check!

I would like to 동사원형

I'd like to V(동사원형) 저는 V 하고 싶습니다.

1. 당신을 직접 뵙고 싶습니다. (in person)

2. 세 사람 자리를 예약하고 싶습니다. (reserve)

3. 잠시만 가서 뵙고 싶습니다. (for a second)

4. 당신을 우리 언니에게 소개하고 싶습니다. (introduce)

5. 약속을 정할 수 있도록 전화를 드리고 싶습니다. (set up)

6 예약을 취소하고 싶습니다. (cancel)

Memo

정리하고 넘어갑시다!

1. 영문서의 종류를 적어봅시다.

2. 영문서 작성 원칙을 적어봅시다.

NCS기반의 종합연습문제

본인이 졸업 후 비서로 입사를 하였다고 생각하고 본인회사의 Business Letter의 letterhead와 팩스 커버를 만들어 보자. 앞에서 배운 양식을 사용해도 되고, 인터넷에서 양식을 찾아보고 참고하여 작성해 보아도 된다. (회사명 로고 등은 자유로이 결정한다.)

Unit 02

영문서의 구성요소 ①

● 이번 단원에서는?

이번 단원에서는 본격적으로 Business Letter에 대해 알아보기로 해요~

Business Letter를 잘 이해하기 위해서는 우선 구성요소에 대해 공부해야 합니다.

Business Letter는 다음과 같이 크게 4파트로 이루어져 있어요.

▶ Heading Part

▶ Opening Part

▶ Body Part

▶ Closing Part

천천히 시작해보도록 하겠습니다.

● NCS 기반의 학습목표

1. Business Letter의 구성요소와 형식을 파악할 수 있다.
2. 구성요소 중 Heading Part와 Opening Part를 정확하게 작성할 수 있다.

1. Heading Part

   1) Letterhead (레터헤드)

   2) Date Line (발신 일자)

2. Opening Part

   1) Inside Address (수신자 정보 및 주소)

   2) Attention Line (어텐션 라인)

   3) Salutation (서두 인사말)

- Grammar Check! I'm dying to 동사원형
- 정리하고 넘어갑시다!
- NCS기반의 종합연습문제 1
- NCS기반의 종합연습문제 2

Business Letter의 기본 구조

Heading	Letterhead(레터헤드) Date(발신 일자)	필수구성요소
Opening	Inside Address(수신인 이름, 직책, 소속, 주소)	필수구성요소
Body	Message(본문)	필수구성요소
Closing	Complimentary Closing(결구) Signature(서명) Writer's Name and Title(작성자 성명 및 직책)	필수구성요소
Closing	Reference Initials(서신관계자) Enclosure Notation(동봉물) Carbon Copy(사본 송부처)	부수적구성요소

Business Letter는 위에서 보는 것과 같이 크게 4파트로 이루어집니다. (외워서 적어봅시다!)

-
-
-
-

각 파트들은 각기 다른 요소들로 채워져 있음을 알 수 있는데, 반드시 필요한 요소를 우리는 "필수 구성요소"라고 부르고, 서신에 따라 나올 수도 있고, 나오지 않을 수도 있는 구성요소를 "부수적 구성요소"라고 부릅니다.

다음의 샘플 Business Letter를 보면서, 4개의 파트(Heading, Opening, Body, Closing)로 나누어 보세요!

UNIVERSITY OF ILLINOIS
AT URBANA-CHAMPAIGN

Department of Linguistics
School of Literatures, Cultures and Linguistics
4080 Foreign Languages Building, MC-168
707 South Mathews Avenue
Urbana, IL 61801-3625 USA

March 6, 2009

Ms. Mi Kyung Kim
2501 Lake Austin Blvd., Apt. K201
Austin, TX 78703

RE: Admission into the Master's Program in Teaching English as a Second Language

Dear Ms. Kim:

On behalf of the Department of Linguistics of the University of Illinois in Urbana-Champaign, I am pleased to offer you admission to our Master's degree program in Teaching English as a Second Language (MATESL) beginning in Fall 2009. The competition among applicants was great this year, and your selection reflects the strong qualifications you presented in your application. Congratulations! The Graduate College will send you an email referring you to the ApplyYourself website for your official Notice of Admission letter when it is ready.

There are curriculum pre-requisite courses for the MATESL: an introduction to general linguistics (for both the research and pedagogical tracks) and an introduction to applied linguistics (for the research track). If you have taken courses in these areas, please bring syllabi, textbooks, and any other work, such as term papers when you come to campus for registration in the Fall. If not, you can fulfill these prerequisites after you arrive. If you have any questions concerning the prerequisites, or anything else that we might help you with, please let us know.

All non-native speakers of English entering the MATESL program are required to take the UIUC ESL Placement Test (EPT). Please register via the web for this test. The registration site will be available approximately one month before you arrive at UIUC: http://www.deil.uiuc.edu/about/ept.html

We look forward to welcoming you to the Department. Although the University of Illinois follows the CIC multi-university agreement concerning the set deadline of April 15 for your reply to this admissions offer, if you are able to respond earlier, we would appreciate your doing so, as it would help us in our planning. Please let us know your decision in writing by return mail, email to slclgradservices@illinois.edu, or fax (217-244-3050). Please do not direct your letter to the Graduate College or the Office of Admissions.

If you have any questions concerning the prerequisites or anything else that we might help you with, please let us know. We look forward to meeting you when you come to campus.

Sincerely,

Elabbas Benmamoun, Head

EB:ls

Enclosure

1. Heading Part

Heading	Letterhead(레터헤드) Date(발신 일자)

1) Letterhead (레터헤드)

Letterhead란 편지를 쓰는 회사(또는 개인)의 정보가 나오는 것으로 보통 회사의 이름과 로고, 주소, 전화번호(또는 팩스번호) 등이 나와 있다. 회사에서는 Letterhead를 편지를 작성할 때마다 타이핑하기가 번거로워서 아예 Letterhead를 편지지에 인쇄한 용지를 사용하는 것이 일반적이다.

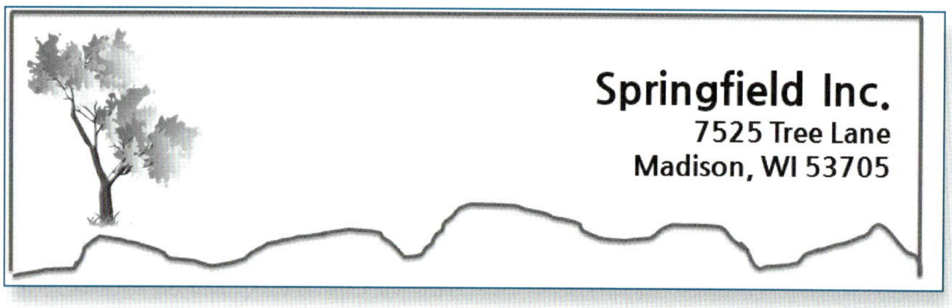

영문 주소 어떻게 써야 할까요?

영문 주소는 우리나라 주소 표기법과는 달라요.
우리나라는 서울특별시 OO구 OO동 OO아파트 하면서 큰 곳에서 점차 작은 곳으로 진행이 되지만, 영문 주소의 경우는 그 반대입니다.

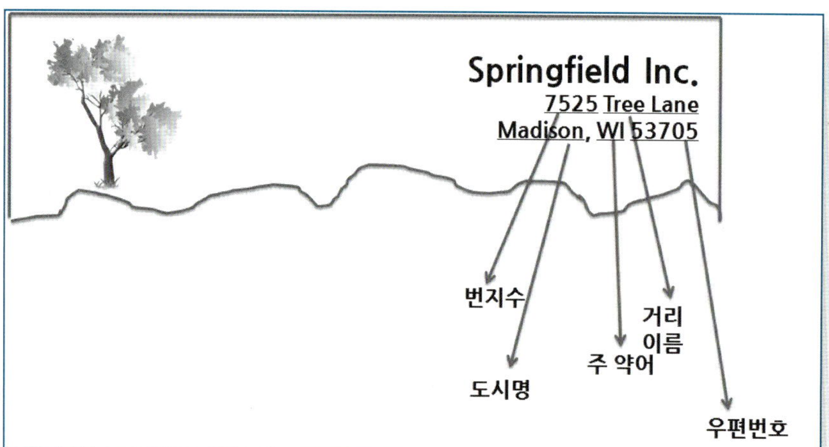

영문 주소 쓸 때 조심할 점은요?

- 거리명은 주로 Road(Rd.), Street(St.), Avenue(Ave.), Lane(Ln.), Boulevard(Blvd.) 등으로 나타낸다.
- 도시이름 다음엔 반드시 컴마(,)를 찍는다.
- 주(State)는 약어로 반드시 써야 하는 것은 아니나 대부분의 경우, 약어로 많이 표기하기 때문에 다음 페이지에 나오는 주 약어표기법을 익혀 두도록 한다.
- 우편번호(zip code)의 경우 우리나라도 000-000 형식에서 숫자 5자리로 바뀐 것처럼 미국도 숫자 5자리로 나타낸다.

미국 지도 한번 볼까요??

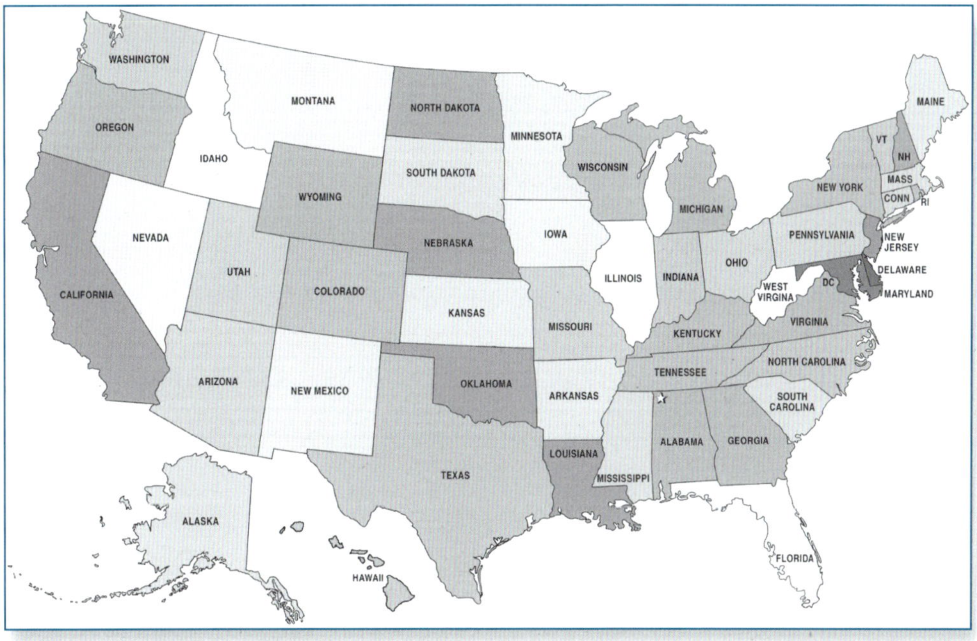

주약어

Alabama	AL
Alaska	AK
Arizona	AZ
Arkansas	AR
California	CA
Colorado	CO
Connecticut	CT
Delaware	DE
District of Columbia	DC
Florida	FL
Georgia	GA
Hawaii	HI
Idaho	ID
Illinois	IL
Indiana	IN
Iowa	IA
Kansas	KS
Kentucky	KY
Louisiana	LA
Maine	ME
Maryland	MD
Massachusetts	MA
Michigan	MI
Minnesota	MN
Mississippi	MS
Missouri	MO
Montana	MT
Nebraska	NE
Nevada	NV
New Hampshire	NH
New Jersey	NJ
New Mexico	NM
New York	NY
North Carolina	NC
North Dakota	ND
Ohio	OH
Oklahoma	OK
Oregon	OR
Pennsylvania	PA
Rhode Island	RI
South Carolina	SC
South Dakota	SD
Tennessee	TN
Texas	TX
Utah	UT
Vermont	VT
Virginia	VA
Washington	WA
West Virginia	WV
Wisconsin	WI
Wyoming	WY

Exercises

아래 영문주소 구성 요소들을 바르게 배치 시켜 보시오.

1. Thatcham Dr.
   23
   IL
   Champaign

2. Madison
   WI
   53705
   5002 Sheboygan Ave

Exercises

아래 영문주소 구성 요소들을 보고 주(State)와 도시를 파악해보자.

1.
SLCL Graduate Student Services Office
University of Illinois at Urbana-Champaign
707 South Mathews Avenue, 3070 FLB, MC-173
Urbana, IL 61801
(217)333-6269 Fax: (217)244-3050

2.
Wachovia Corporation, 301 South College Street, Suite 4000, One Wachovia Center, Charlotte, NC 28288

3.
Cornell University 214 Ives Hall
Ithaca, New York 14853

4.
Office of Admissions Michigan State University RM 250
Administration Bldg East, Lansing, MI 48824-0590

2) Date Line (발신 일자)

문서를 작성한 날짜는 보내는 사람과 받는 사람 모두에게 중요하다. 때에 따라서는 문서를 작성한 날짜나 수신한 날짜가 법적 근거로 활용될 수 있기 때문이다. (책임소재를 명확히 해야 할 경우) Date Line은 일반적으로 Letterhead에서 두 줄 아래 위치한다.

Business Letter에서 날짜 어떻게 써야 할까요? (미국식)

일반적으로 달(Month)은 축약하지 않고 다 써주어요~

날짜는 숫자로 쓰고 날짜와 연도 사이는 반드시 컴마(,)로 구분합니다.

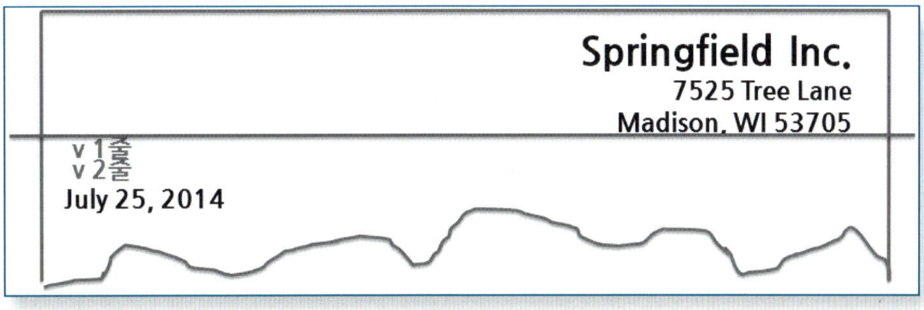

Exercises

아래 문제를 미국식 날짜 표기법대로 풀어봅시다.

1. 오늘 날짜 써 봅시다.

2. 내 생일 써 봅시다.

3. 틀린 부분을 찾아 봅시다.

   July 24th, 2016
   Jul. 24, 2016
   24 Jul 2016

4. 위 3번의 날짜를 바르게 써 봅시다.

2. Opening Part

Opening	Inside Address (수신인 이름, 직책, 소속, 주소) Attention Line(사용 되었을 경우) * 필수 아님 Salutation(서두 인사말)

1) Inside Address (수신자 정보 및 주소)

Inside Address란 받는 사람의 정보를 말하는데 여기에 속하는 요소들은 다음과 같다.

- 존칭(Mr. Ms. Mrs. Dr. Prof. 등)+수신인 성함,(컴마) 직책 * , 직책 부분은 생략 가능
- 직책(윗줄에 수신인의 이름까지만 나왔을 경우 직책을 이름의 아랫줄에 써도 됨)
- 회사명
- 주소 (영문주소 표기법대로)

Springfield Inc.
7525 Tree Lane
Madison, WI 53705

July 25, 2014

Mr. Kaiden Kwon, Chairman
Chairman (또는 직책은 이름 아랫줄에 기입 가능)
DOCS Company
5002 Sunflower Ave.
Savoy, IL 61820

Dear Mr. Kwon:

UNIVERSITY OF ILLINOIS
AT URBANA-CHAMPAIGN

Department of Linguistics
School of Literatures, Cultures and Linguistics
4080 Foreign Languages Building, MC-168
707 South Mathews Avenue
Urbana, IL 61801-3625 USA

March 6, 2009

Ms. Mi Kyung Kim
2501 Lake Austin Blvd., Apt. K201
Austin, TX 78703

Exercises

아래 영문 편지의 Inside Address 구성 요소들을 적절한 순서로 정리 해 보세요.

1.

, Personnel Manager	2501 Lake Austin Boulevard	TX	
Mr. Alex Kwon	78703	Brown Inc.	Austin,

2.

Mr. John Bishop	53705	, President	
WI	Green Tree Inc.	Madison ,	5002 Sheboygan Ave.

2) Attention Line (어텐션 라인)

Business Letter를 작성할 때, 대부분은 특정 수신인을 정해놓고 편지를 발송을 하지만, 경우에 따라서 수신인의 이름을 모르거나, 특정 수신인 없이 부서로(예: 예약부서나 고객센터 등으로) 편지를 발송하는 경우가 생긴다. 이럴 때, Attention Line을 작성해 주면 되는데 Attention Line은 Business Letter에 있어서 필수 구성요소는 아니며, 만일 나올 경우는 Inside Address와 Salutation 사이에 위치한다.

Attention Line, 작성한다면 어떻게 써야 할까요?

Attention Line이 나온다는 것은 수신인의 이름을 잘 알지 못하는 경우가 대부분입니다. 그러므로 Attention Line이 나올 경우, Inside address는 일반적으로 회사명부터 시작하는 경우가 많습니다.

Attention Line을 작성하는 방법은 주로 다음과 같습니다.

Attention: Sales Department
Attention of the Sales Manager
Attention - Customer Service Department

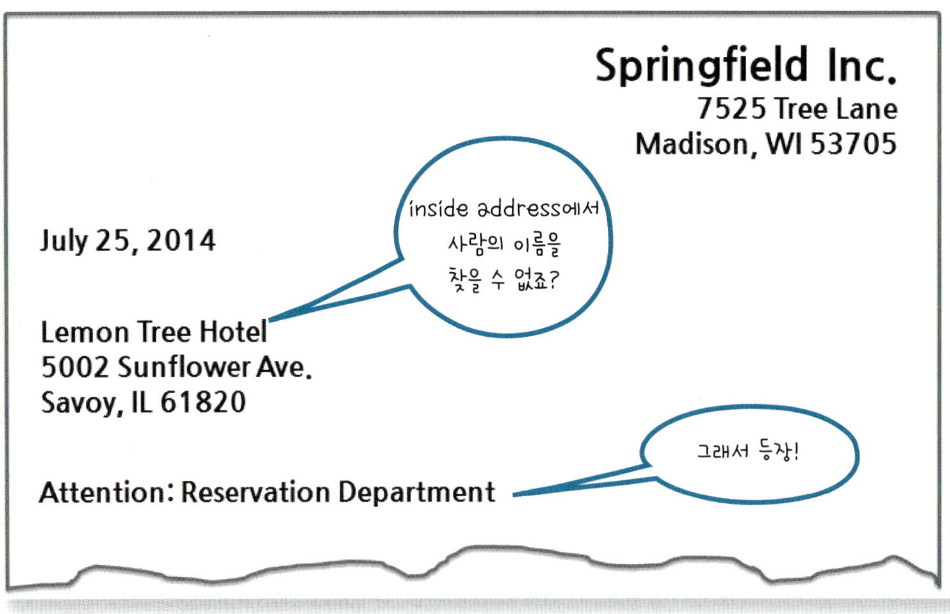

3) Salutation (서두 인사말)

Salutation의 본뜻은 인사, 인사말이다. Business Letter에서의 Salutation이란 Dear하고 시작하는 부분을 뜻한다. 즉, 본문이 시작하기 전 상대방을 격식 있게 부르는 인사말이라고 이해하면 된다.

UNIVERSITY OF ILLINOIS
AT URBANA-CHAMPAIGN

Department of Linguistics
School of Literatures, Cultures and Linguistics
4080 Foreign Languages Building, MC-168
707 South Mathews Avenue
Urbana, IL 61801-3625 USA

March 6, 2009

Ms. Mi Kyung Kim
2501 Lake Austin Blvd., Apt. K201
Austin, TX 78703

RE: Admission into the Master's Program in Teaching English as a Second Language

Dear Ms. Kim:

위 편지에서 Salutation을 찾아보면 Dear Ms. Kim: 이라고 쓰여져 있는 부분이다. Salutation의 작성은 편지를 받는 이의 이름을 정확히 알고 있는 경우와 그러지 못하는 경우로 나눌 수 있는데 이를 정리하면 아래의 표와 같다. (구두점에 유의!)

수신인 이름을 모를 경우	Dear Sir: Dear Madam: To whom it may concern:
수신인 이름을 아는 경우	Dear Mr. John Smith: Dear Ms. Kate Smith: Dear Mr. Smith: Dear Ms. Smith:
개인적 관계	Dear John,

Salutation 작성 시 주의할 점은 다음과 같다.

- 존칭(Mr. Ms. Mrs. Dr. Prof. 등)은 이름의 full name 또는 last name(성)과 결합해야 어색하지 않다. (존칭+first name(이름)의 결합은 어색한 조합)
- 개인적으로 친분이 두텁지 않은 경우에는 콜론(:)을 반드시 끝에 붙인다.
- 개인적으로 친분이 두터운 관계에서는 Dear + first name(이름) + 컴마(,)를 사용한다.
  예: Dear Mikyung,

Grammar Check!

I'm dying to 동사원형

I'm dying to V(동사원형) ~하고 싶어 죽겠다!

1. 너한테 그 남자에 관한 진실을 말하고 싶어서 죽겠어.

2. 아이스 아메리카노 마시고 싶어 죽겠어.

3. 그 사람 여자 친구가 있는지 묻고 싶어 죽겠어.

4. 런던에 가고 싶어 죽겠어.

Memo

정리하고 넘어갑시다!

1. Business letter의 기본 구조 4가지 파트를 적어 봅시다.

2. Heading파트에 속하는 두 가지 구성요소를 적어 봅시다.

3. 올해 3월 17일을 미국식 날짜 표기법대로 적어보세요. (Business letter스타일)

4. 아래의 주소를 살펴보고 밑줄 친 파트가 무엇을 의미 하는지 생각해 보세요.

2501 Metric Blvd.

Urbana, IL 61827

NCS기반의 종합연습문제 1

아래의 명함은 ABC회사 비서로 근무하는 나의 명함이다. 명함을 보고 우리 회사의 Letterhead를 넣은 문서를 만들어보자. (로고 등은 자유롭게 제작 가능)

ABC Company
Hee Gyung Choi
Secretary
10F, ABC Bldg, 130 Namdaemunro 2ga
Joong-gu, Seoul
Office 82-2-2118-6180
Mobile 82-10-3550-1234
chk_0829@abccompany.com

ABC회사의 Letterhead를 만들어서
문서로 제출해 보세요.(로고도 제작 가능)

NCS기반의 종합연습문제 2

NCS기반의 종합연습문제 1을 완성한 후, 아래의 명함의 사람에게 보내는 Business Letter의 Heading Part와 Opening Part를 완성하시오. 날짜는 실제 문서를 작성하는 날짜를 쓰고, Inside Address 파트와 Salutation 파트는 아래 명함에 근거하여 작성하시오.

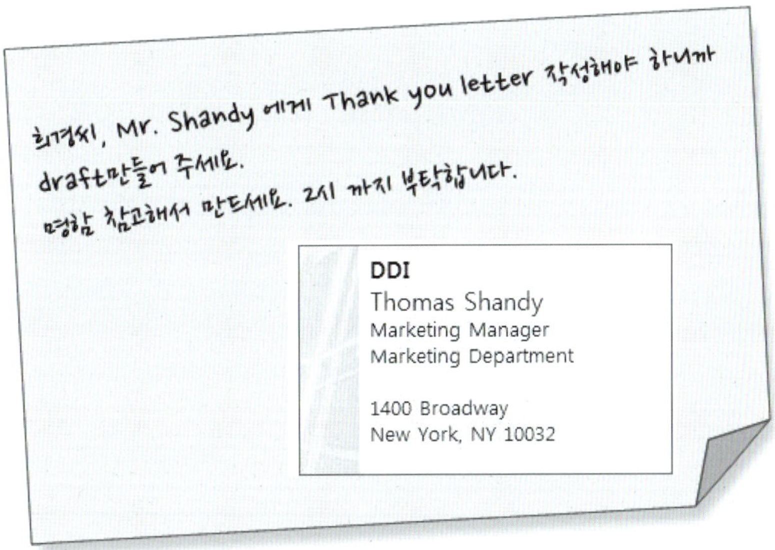

Unit 03

영문서의 구성요소 ②

● 이번 단원에서는?

지난 단원에서는 Business Letter의 Heading Part와 Opening Part에 대해 공부하였죠? 이번 단원은 남아 있는 두 파트! 즉, Body Part와 Closing Part에 대해 공부해 보도록 합시다.

모두 기억하시겠지만 다시 한 번 4개의 Part를 상기시켜 봅시다.

- ▶ Heading Part
- ▶ Opening Part
- ▶ Body Part
- ▶ Closing Part

● NCS 기반의 학습목표

1. Business Letter의 구성요소와 형식을 파악할 수 있다.
2. 구성요소 중 Heading Part와 Closing Part를 정확하게 작성할 수 있다.

3. Body Part

1) Subject Line (제목)

2) Message (본문)

4. Closing Part

1) Complimentary Closing (결구)

2) Signature & Writer's Name and Title
(서명 & 작성자 성명 및 직책)

3) Reference Initials (서신 관계자)

4) Enclosure Notation (동봉물)

5) Carbon Copy Notation (사본 송부처)

- Grammar Check! 사역동사
- 정리하고 넘어갑시다!
- NCS기반의 종합연습문제

Business Letter의 기본 구조

다음 페이지에 나오는 샘플 Business Letter를 보면서, 지난 단원에서 배운 파트와 이번 단원에서 배울 파트들로 나누어 봅시다.

파트	구성	구분
Heading	Letterhead(레터헤드)	필수구성요소
	Date(발신 일자)	필수구성요소
Opening	Inside Address(수신인 이름, 직책, 소속, 주소)	필수구성요소
	Salutation(서두 인사말)	필수구성요소
Body	Message(본문)	필수구성요소
Closing	Complimentary Closing(결구)	필수구성요소
	Signature(서명)	필수구성요소
	Writer's Name and Title(작성자 성명 및 직책)	
	Reference Initials(서신관계자)	부수적구성요소
	Enclosure Notation(동봉물)	부수적구성요소
	Carbon Copy(사본 송부처)	부수적구성요소

UNIVERSITY OF ILLINOIS
AT URBANA-CHAMPAIGN

Department of Linguistics
School of Literatures, Cultures and Linguistics
4080 Foreign Languages Building, MC-168
707 South Mathews Avenue
Urbana, IL 61801-3625 USA

March 6, 2009

Ms. Mi Kyung Kim
2501 Lake Austin Blvd., Apt. K201
Austin, TX 78703

RE: Admission into the Master's Program in Teaching English as a Second Language

Dear Ms. Kim:

On behalf of the Department of Linguistics of the University of Illinois in Urbana-Champaign, I am pleased to offer you admission to our Master's degree program in Teaching English as a Second Language (MATESL) beginning in Fall 2009. The competition among applicants was great this year, and your selection reflects the strong qualifications you presented in your application. Congratulations! The Graduate College will send you an email referring you to the ApplyYourself website for your official Notice of Admission letter when it is ready.

There are curriculum pre-requisite courses for the MATESL: an introduction to general linguistics (for both the research and pedagogical tracks) and an introduction to applied linguistics (for the research track). If you have taken courses in these areas, please bring syllabi, textbooks, and any other work, such as term papers when you come to campus for registration in the Fall. If not, you can fulfill these prerequisites after you arrive. If you have any questions concerning the prerequisites, or anything else that we might help you with, please let us know.

All non-native speakers of English entering the MATESL program are required to take the UIUC ESL Placement Test (EPT). Please register via the web for this test. The registration site will be available approximately one month before you arrive at UIUC: http://www.deil.uiuc.edu/about/ept.html

We look forward to welcoming you to the Department. Although the University of Illinois follows the CIC multi-university agreement concerning the set deadline of April 15 for your reply to this admissions offer, if you are able to respond earlier, we would appreciate your doing so, as it would help us in our planning. Please let us know your decision in writing by return mail, email to slclgradservices@illinois.edu, or fax (217-244-3050). Please do not direct your letter to the Graduate College or the Office of Admissions.

If you have any questions concerning the prerequisites or anything else that we might help you with, please let us know. We look forward to meeting you when you come to campus.

Sincerely,

Elabbas Benmamoun, Head

EB:ls

Enclosure

3. Body Part

Body	Subject Line (제목)_ * 반드시 들어가야하는 것은 아님 경우에 따라 Salutation 위에 오기도 Message (본문)

1) Subject Line (제목)

Subject Line이란 편지의 제목을 말한다. 반드시 들어가야 하는 구성요소는 아니고, 일반적으로 본문이 시작되기 전에 위치하거나 Salutation위에 위치하는 경우도 있다.

Subject Line, 작성한다면 어떻게 써야 할까요?

Subject Line을 작성하는 방법은 주로 다음과 같습니다.

RE : New Seoul Project

Subject : Sending the last minutes

2) Message (본문)

Message는 본문 자체를 말한다. 본문 작성 시에는 한 문단이 너무 길어지지 않도록 주의하며 작성하도록 한다. (참고로 앞에 나온 샘플 레터는 총5문단으로 구성되어 있다는 것을 확인할 수 있다.)

Exercises

- 앞에 나오는 샘플 레터의 제목을 적어 봅시다.

- 앞에 나오는 샘플 레터의 본문 중 첫 번째 문단을 해석해 봅시다.

4. Closing Part

Closing	Complimentary Closing(결구) Signature(서명) Writer's Name and Title(작성자 성명 및 직책)	
	Reference Initials(서신관계자) Enclosure Notation(동봉물) Carbon Copy Notation(사본 송부처)	부수적구성요소

1) Complimentary Closing (결구)

Complimentary Closing이란 편지를 끝맺는 인사말이다. 본문의 내용이 끝나고 1~2줄 정도 아래에 위치하는 것이 일반적이다. 이때 주의할 점이 있는데 첫 글자는 반드시 대문자로 시작하고 컴마(,)로 끝을 맺어야 한다. Complimentary Closing 문구는 formal한 letter에서 쓰이는 것과 informal한 letter에서 쓰이는 것이 다르다.

Respectfully yours,	Very sincerely yours,
Your respectfully,	Yours very sincerely,
Yours very truly,	Sincerely yours,

주의할 점, 다시 한 번 더 강조요!

Complimentary Closing은 첫 글자는 대문자로!
마칠 때는 반드시 컴마(,)로 마쳐야 합니다!

Sincerely,

- 첫 글자는?
- 마칠 때는?

2) Signature & Writer's Name and Title (서명 & 작성자 성명 및 직책)

Complimentary Closing 다음에는 편지의 작성자를 나타내는 Signature와 작성자의 이름과 직책을 타이핑 해 준다. Signature는 자필로 직접 서명할 수 있게 Complimentary Closing 아래 3~4줄을 공란으로 비워야한다. Writer's name and title은 자필로 쓰는 것이 아니고 컴퓨터로 타이핑하면 된다.

EX)

Sincerely yours,
v
v
v Alex Lee ← 자필서명 } Signature
v
Alex Lee
Chairman } Writer's name & title

3) Reference Initials (서신 관계자)

Reference Initials는 서신관계자를 나타내는 파트이다. 서신관계자라 함은 편지를 서명한 사람(발신자)과 편지를 타이핑 해준 사람(주로 비서)을 일컫는다. Initials라는 말에서 알 수 있듯이 이들의 이름의 약자를 표기 하면 되는데 서명한 사람은 대문자로, 타이핑 해 준 사람은 소문자로 약자를 표기한다. 단 이때, 서명한 사람의 이니셜은 생략되기도 한다.

Reference Initials 이런 식으로 표현 됩니다!

AL / kmk　　　AL : kmk　　　kmk

여기서 3번째의 예처럼, 서명한 사람의 이름은 안 나와도
타이핑 해준 사람의 이니셜은 나올 수 있습니다.

Respectfully yours,
v
v
v Alex Lee
v
Alex Lee
Chairman
v
v
AL / kmk

4) Enclosure Notation (동봉물)

Enclosure는 편지와 함께 동봉물이 있을 때 표기한다. 동봉물이 없으면 쓸 필요가 없으며 동봉물이 있는 경우, Enclosure라고만 나타내도 되고, 무엇이 들어 있는지까지 명시해 줄 수도 있다. 아래의 예를 살펴보자.

Enclosure

Enclosure : Agenda

Enclosures : Minutes
Report

2 Enclosures

5) Carbon Copy Notation (사본 송부처)

Carbon Copy는 줄여서 CC라고 쓴다. 이는 이 편지를 함께 받는 사람(또는 부서)을 나타낸다. 우리말로는 사본 송부처 또는 참조라고 표현한다.

Carbon Copy 이런 식으로 표현 됩니다!

만일, 편지의 Inside Address에 쓰여 있는 본 수신자 말고도 함께 받아 보아야 하는 사람(또는 부서)이 있다면 CC를 달아주면 됩니다.

CC : Personnel Department

CC : Mr. Kay Furtney (Finance Department)
Mr. Michael Dickerson (Accounting Department)

CC vs. BCC?

Business Letter에는 BCC가 없지만, 이메일에서는 BCC가 있습니다.
BCC는 Blind Carbon Copy의 줄임말로, 편지의 수신자는 모르게 같은 내용의 편지를 받아 보는 것(숨은 참조)을 뜻합니다.
그러니 종이 문서인 Business Letter에는 BCC가 등장할 수 없는 게 당연하겠죠?
하지만 이메일에서도 BCC는 신중하게 쓰셔야 합니다. 나중에 이 일로 오해가 생길 수도 있기 때문입니다.

Exercises

아래 영문 편지의 Closing Part 구성 요소들을 적절한 순서로 정리 해 보세요.

1.

- cc: John Paramo
- Larry Orlando
- 2 Enclosures
- Director of Operation
- Sincerely,
- LO : kmk
- *Larry Orlando*

2.

- Enclosure
- Yours truly,
- Vice President
- Kevin Rounder
- KR / kmk
- *Kevin Rounder*

Grammar Check!

사역동사

사역 동사 have, make, let + 대상 + 동사 원형
대상에게 동사원형 하라고 시키다.

사역동사(대표적인 3가지: ________________)는 말 그대로 누군가에게 무엇을 시키는 동사입니다. 사역동사가 나오면 시키는 대상이 나오고 그 다음은 원형 부정사가 등장하게 됩니다. 예를 들어 "영화가 너무 슬퍼서 울었어."라는 표현은 The movie was so sad, it made me cry. 라고 하면 됩니다. 여기서 made는 시켰다라는 사역동사이고 시키는 대상은 me, 무엇을 하라고 시켰냐? 바로 cry 동사의 원형입니다. 그리고 made 대신에 had나 let이 쓰여도 됩니다. 아래의 예문을 영작해 보도록 합시다.

1. 나의 새로운 남자친구는 나를 행복하게(feel happy) 한다.

2. 그 유명 레스토랑에 들어가기 위해 두 시간 정도 기다려야 했다. 그게 나를 항의하고 싶게(want to complain) 만들었다.

3. 매니저가 나에게 그녀의 컴퓨터를 고치게(fix) 했다.

4. 내 상사는 나에게 상사 대신 월간 회의(monthly meeting)에 참석하게 했다.

5. 내 비서에게 가능한 빨리(as soon as possible) 다시 약속을 잡으라고 시킬게.

6. 내 비서에게 내 스마트폰을 가져오라고(get back) 시킬게.

정리하고 넘어갑시다!

1. Closing part에 속하는 구성요소들을 전부 순서대로 적어 봅시다.

2. Complimentary Closing 작성 시 유의할 사항 두 가지는 무엇이었을까요?

3. 다음에 나오는 샘플 레터의 Closing part를 보고 각 구성요소들을 분석해 봅시다.

Sincerely,

Elabbas Benmamoun, Head

EB:ls

Enclosure

1) Complimentary closing

2) Signature

3) Writer's name and title

4) Reference initials의 EB:ls는 무엇을 의미 할까요?

5) 동봉물이 있나요?

NCS기반의 종합연습문제

HR POWER GROUP에서 근무하는 Narae Shin은 Senior Consultant인 Joonyoung Kim의 비서이다. 아래의 편지지는 신비서가 상사를 위해 타이핑한 Business Letter의 일부이다. Letter의 Closing Part를 완성시키시오. 들어가야 하는 요소는 다음과 같다.

- Complimentary closing
- Signature(이미 되어져 있음)
- Writer's name & title
- Reference Initials (상사와 비서 모두 들어가게 표기할 것)
- 동봉물 있는 편지임

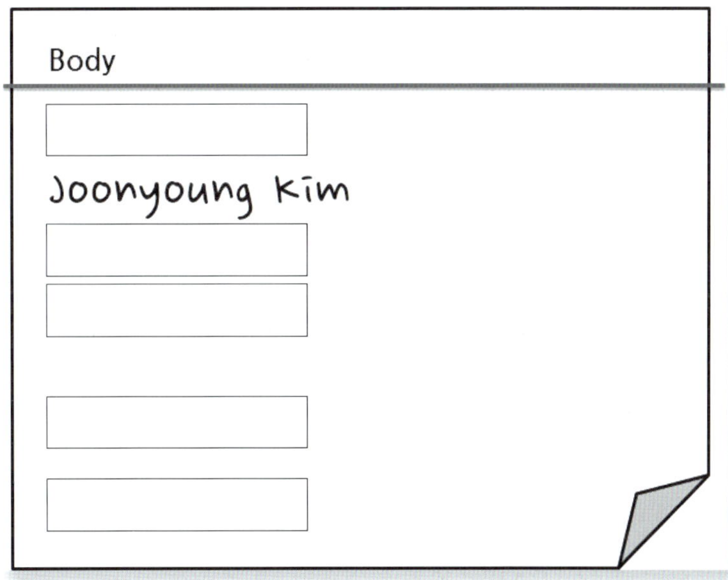

- 만일, 편지 사본의 송부처가 인사부인 경우에는?

Unit 04

Business Letter의 정렬과 봉투

● 이번 단원에서는?

지금까지 복잡한 Business Letter의 구성요소를 배우느라고 힘드셨죠?
지금까지 배운 구성요소들을 잘 익히고만 있어도 벌써 Business Letter의 절반은 배운 거랍니다! 이번 단원에서는 Business Letter의 정렬 스타일에 대해 배울 거에요.
구성요소들을 어떻게 배치하느냐에 따라서 총 5가지의 정렬 스타일이 정해집니다.

- ▶ Full Blocked Style
- ▶ Blocked Style
- ▶ Semiblocked Style
- ▶ Indented Style
- ▶ Simplified Style

이름만 들어도 엄청 복잡해 보이죠? ^^ 그래도 하나하나 또 배워나가 보도록 합시다.

● NCS 기반의 학습목표

1. Business Letter 양식 스타일에 따라 정확하게 구성요소를 배열할 수 있다.
2. 봉투양식에 따라 Business Letter의 봉투를 정확하게 작성할 수 있다.

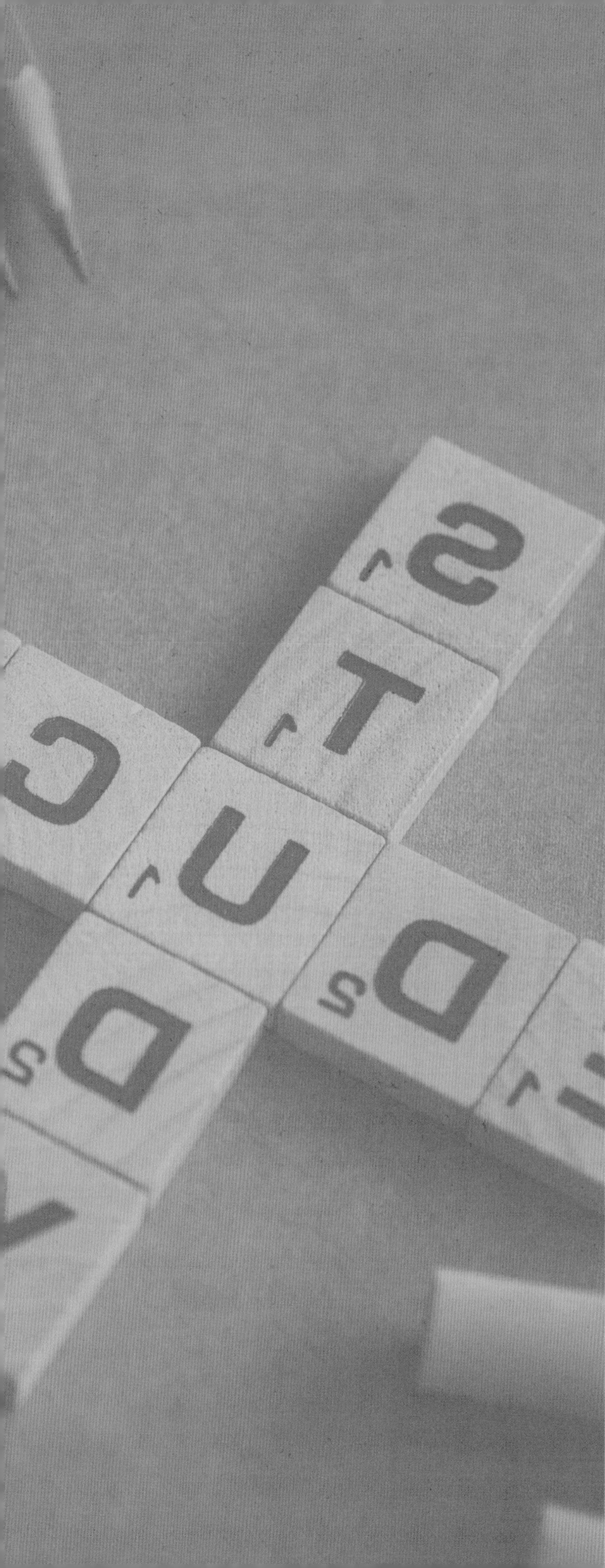

1. Business Letter Arrangement Style
(비즈니스레터 정렬 스타일)
   1) Full Blocked Style
   2) Blocked Style
   3) Semiblocked Style
   4) Simplified Style
   5) Indented Style

2. Envelope (봉투)
   1) 봉투작성법
   2) 편지 접는 법

- Grammar Check! 현재완료
- 정리하고 넘어갑시다!
- NCS기반의 종합연습문제
- 비즈니스 레터 구성 요소와 정렬에 대한 평가
  (중간고사 대비)

Business Letter Arrangement Style
(비즈니스레터 정렬 스타일)

1) Full Blocked Style

2) Blocked Style

3) Semiblocked Style

4) Indented Style

5) Simplified Style

1. Business Letter Arrangement Style(비즈니스레터 정렬스타일)

1) Full Blocked Style

이 스타일은 Business Letter의 모든 구성요소를 좌측으로 정렬시키는 것이다. 단, Letterhead의 경우는, 편지의 작성자나 발신 기관의 개성을 살려 타이핑하기 때문에(혹은 아예 인쇄된 경우가 많기 때문에) 반드시 좌측 정렬시켜야 하는 것은 아니다.

- Full Blocked Style의 예 (Letterhead는 생략됨)

January 27, 20XX

Ms. B. S. Son
Human Resources Manager
WITHYou Employment Agency
1800 Grand Ave.
San Marcos, Texas 78710

Dear Ms. Son:

I would like to apply for the position of executive assistant which was founded in the San Marcos Times of January 26.

I am enclosing my resume and recommendation letters. I would like to visit your office in order to discuss the position. I will telephone you regarding the schedule on this Thursday.

I am looking forward to meeting you very soon.

Sincerely your,

Alice Chang

Alice Chang

Enclosures

Full Blocked Style의 특징은?

2) Blocked Style

이 스타일은 Full Blocked Style을 변형 시킨 것으로, Business Letter의 구성요소 중에서 Date, Complimentary Closing, Signature, Writer's name and title (title은 나와 있는 경우에만)을 편지의 중앙에서 약간 우측으로 위치하도록 타이핑하는 것을 말한다.

- Blocked Style의 예 (Letterhead는 생략됨)

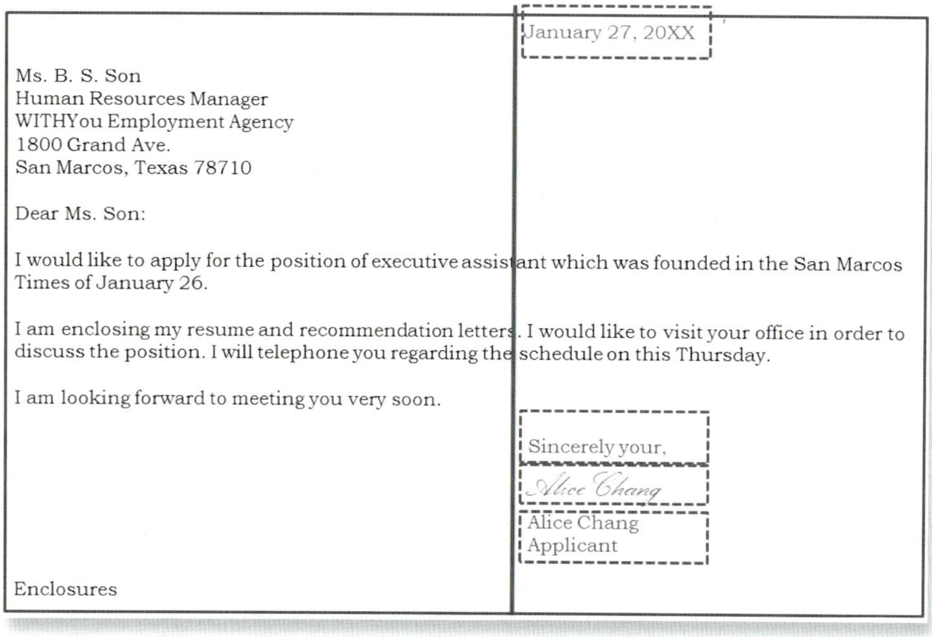

January 27, 20XX

Ms. B. S. Son
Human Resources Manager
WITHYou Employment Agency
1800 Grand Ave.
San Marcos, Texas 78710

Dear Ms. Son:

I would like to apply for the position of executive assistant which was founded in the San Marcos Times of January 26.

I am enclosing my resume and recommendation letters. I would like to visit your office in order to discuss the position. I will telephone you regarding the schedule on this Thursday.

I am looking forward to meeting you very soon.

Sincerely your,

Alice Chang

Alice Chang
Applicant

Enclosures

Blocked Style에서 우측으로 움직이는 구성요소들은?

3) Semiblocked Style

이 스타일은 Blocked Style을 변형 시킨 것으로, 다른 것은 모두 Blocked Style과 동일하나, 본문(Body)의 첫 단락들을 5칸 정도 들여쓰기 한다.

- Semiblocked Style의 예 (Letterhead는 생략됨)

January 27, 20XX

Ms. B. S. Son
Human Resources Manager
WITHYou Employment Agency
1800 Grand Ave.
San Marcos, Texas 78710

Dear Ms. Son:

vvvvvI would like to apply for the position of executive assistant which was founded in the San Marcos Times of January 26.

vvvvvI am enclosing my resume and recommendation letters. I would like to visit your office in order to discuss the position. I will telephone you regarding the schedule on this Thursday.

vvvvvI am looking forward to meeting you very soon.

Sincerely your,

Alice Chang

Alice Chang
Applicant

Enclosures

Blocked Style과 Semiblocked Style의 차이점은?

4) Indented Style

이 스타일은 Semiblocked Style을 변형 시킨 것으로, 다른 것은 모두 Semiblocked Style과 동일하나, Inside Address와 Complimentary Closing, Signature, Writer's name and title 부분을 계단식으로 타이핑하는 것이 다르다. (title은 나와 있는 경우에만 해당됨)

● Indented Style의 예 (Letterhead는 생략됨)

January 27, 20XX

Ms. B. S. Son
Human Resources Manager
WITHYou Employment Agency
1800 Grand Ave.
San Marcos, Texas 78710

Dear Ms. Son:

I would like to apply for the position of executive assistant which was founded in the San Marcos Times of January 26.

I am enclosing my resume and recommendation letters. I would like to visit your office in order to discuss the position. I will telephone you regarding the schedule on this Thursday.

I am looking forward to meeting you very soon.

Sincerely your,

Alice Chang

Alice Chang
Applicant

Enclosures

Semiblocked Style과 Indented Style의 차이점은?

5) Simplified Style

이 스타일은 복잡한 구성요소들을 단순화 시킨 스타일로, 세 가지의 특징이 있다.

- Salutation과 Complimentary Closing이 생략된다. (아래 샘플 중 박스 처리 된 부분들을 살펴보자. 원래 어떤 구성 요소가 왔어야 하는가?)
- 제목(주제)가 등장하며 대문자 처리 한다. (아래 샘플 중, 두꺼운 글씨로 되어져 있는 Subject line을 보자)
- Signature아래 나오는 Writer's name and title부분 역시 대문자 처리 한다. 단, title이 없는 경우는 쓰지 않아도 된다. (아래 샘플 중, 두꺼운 글씨로 되어져 있는 Writer's name을 보자)

- Simplified Style의 예 (Letterhead는 생략됨)

January 27, 20XX

Ms. B. S. Son
Human Resources Manager
WITHYou Employment Agency
1800 Grand Ave.
San Marcos, Texas 78710

[ ] → 무엇이 빠졌나요?

SUBJECT: AN APPLICATION FOR THE EXECUTIVE ASSISTANT POSITION

I would like to apply for the position of executive assistant which was founded in the San Marcos Times of January 26.

I am enclosing my resume and recommendation letters. I would like to visit your office in order to discuss the position. I will telephone you regarding the schedule on this Thursday.

I am looking forward to meeting you very soon.

[ ] → 무엇이 빠졌나요?

Alice Chang

ALICE CHANG
APPLICANT

다른 스타일과 다른점은?

Enclosures

Simplified Style에서 생략되는 구성요소는?

-
-

Simplified Style에서 대문자로 처리되는 구성요소는?

-
-

2. Envelope(봉투)

1) 봉투작성법

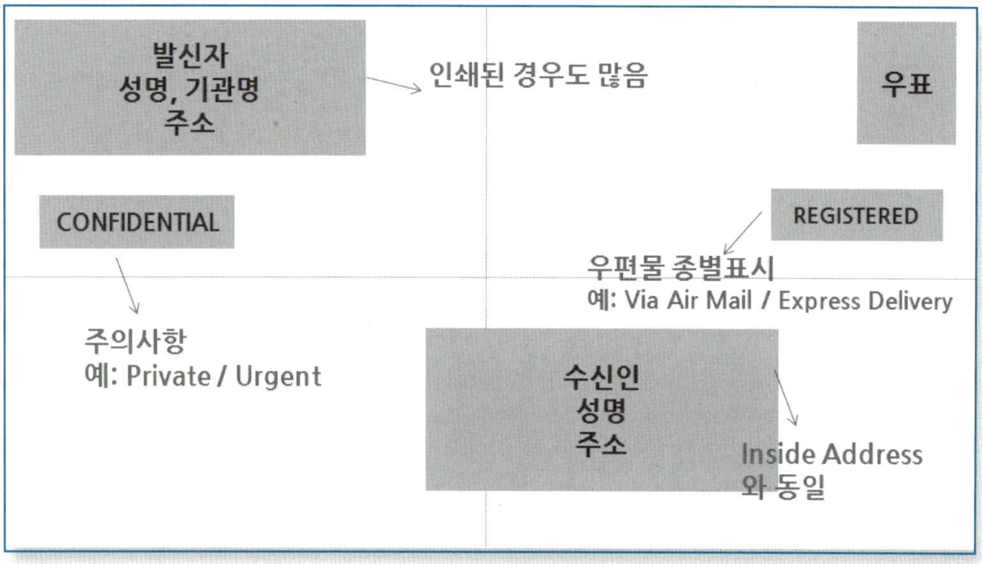

- 발신인: 편지지의 Letterhead처럼 회사에서는 봉투에 인쇄하여 사용하는 경우가 많다.
- 주의사항: 편지를 받는 사람이 주의할 점을 기재해 둔다.
  - 親展 : 친전(친히 펼침) = Confidential, Private, Personal
  - 至急 : 지급(매우 급함의 의미) = Urgent
- 우편물 종별 표시: 우편물을 처리 하는 사람이 스탬프로 찍거나 기재하는 부분
  - 등기우편: Registered Mail
  - 속달: Express Mail
  - 해외우편: Via Air Mail
- 수신인: 편지지 안에 기재한 Inside Address와 동일하게 기재한다.

● 실제 편지 봉투의 예를 살펴봅시다.

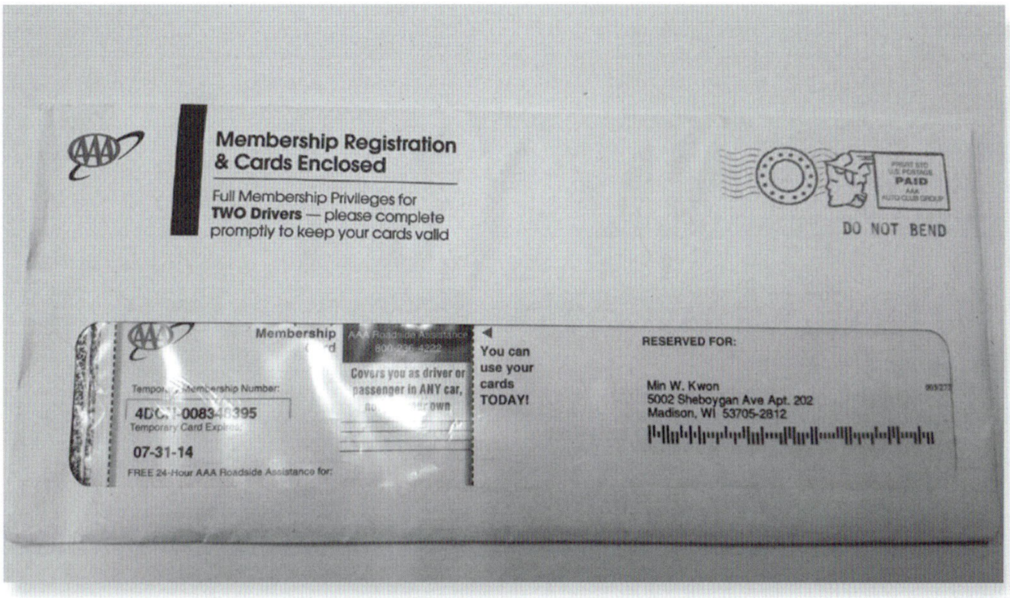

Exercises

아래의 봉투 양식에 수신자의 주소와 우편물 표기법 등을 알맞게 적어봅시다.

- Blue Mountain 백화점에서는 Ms. Olivia Roberts에게 등기 우편을 발송하려고 한다. 그녀는 캘리포니아주의 Los Angeles에서 거주하고 있으며 상세 주소는 1234번지 Hollywood Boulevard이다. Zip Code는 12345로 작성한다.

	우표

- 뉴욕주의 Bronx라는 도시의 1951 Benz Road에 위치한 Honey and Miller, Inc.에서 근무하는 William Smith는 (zip code 10465) Ms. Christine Solars에게 親展 우편을 발송하려고 한다. 그녀는 미네소타주의 Waker라는 도시에서 거주하고 있으며 상세 주소는 61번지 Snowhill Street이다. Waker의 Zip Code는 12345로 작성한다.

	우표

2) 편지 접는 법

① 편지를 눈으로 보아 3등분으로 나눈다.

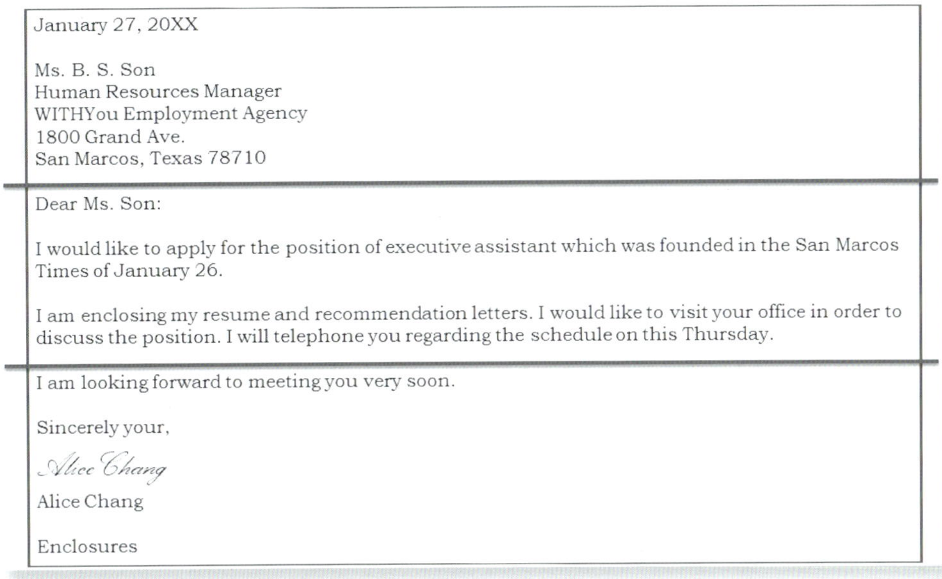

January 27, 20XX

Ms. B. S. Son
Human Resources Manager
WITHYou Employment Agency
1800 Grand Ave.
San Marcos, Texas 78710

Dear Ms. Son:

I would like to apply for the position of executive assistant which was founded in the San Marcos Times of January 26.

I am enclosing my resume and recommendation letters. I would like to visit your office in order to discuss the position. I will telephone you regarding the schedule on this Thursday.

I am looking forward to meeting you very soon.

Sincerely your,

Alice Chang

Alice Chang

Enclosures

② 맨 아래쪽 부분을 올려 접는다.

③ 위쪽을 내려 접는다.

Grammar Check!

현재완료

현재완료의 모든 것!
현재완료란?, 현재완료를 의문사로 만들 때는? 현재완료수동?,
현재완료진행? 아 이게 다 뭐야!~~

현재완료의 공식 have(has) + pp

현재완료(공식 ______)는 '계속 ~ 해왔다'라는 의미로 문법 깊숙이 들어가서는 현재완료의 계속적 용법이라고 하지요. 하지만, 이러한 문법적 어휘에 너무 신경 쓰지 않으셔도 되요. 오늘 배우는 How long have you + p.p.(완료)?의 패턴은 무언가를 얼마나 오래 해 왔냐고(얼마나 지속해 왔냐고) 물어볼 때 사용하는 문장이에요. 예를 들어 누가, 어릴 적부터 불어를 공부해왔다고 하면 How long have you studied French?이라고 하시면 되어요.

현재완료의 공식은 have(has) + p.p. 이지만, 의문사를 만들 때는 주어 앞으로 have나 has가 나가게 되요. 그리하여, 위 문장에서도 have가 주어you 앞에 위치하게 된거에요~ 그리고 얼마나 오랫동안이라는 표현인 how long이라는 어휘를 붙여준 것 뿐입니다! 현재완료의 평서문과 의문문, 참 쉽지요~?

- How long ________ you __________ in this company? 얼마나 오랫동안 이 회사에서 일 했니?
- How long have you tried to pass the exam?

그렇다면, 현재완료수동과 현재완료진행은 무엇일까요? 문자 그대로 현재완료가 수동태(be+pp)와 만난 것이고요, 현재완료진행은 현재완료가 진행형(be+Ving)과 만난 것이라고 생각하시면 쉬워요~!

현재완료수동의 공식은 have(has) been p.p. 이고요, 현재완료 진행의 공식은 have(has) been Ving입니다.

- How long have you ______ __________ ? 얼마나 오랫동안 결혼생활 했니?
- How long have you _______ ________ TV? 얼마나 오랫동안 TV를 보고 있는 거야?

정리하고 넘어갑시다!

1. 우리는 letter의 arrangement style에 대하여 공부 하였습니다.
   학습한 순서대로 5가지 스타일을 기억해 봅시다.

2. Full blocked 스타일과 Blocked 스타일의 차이점은 무엇이었나요?

3. Blocked 스타일과 Semiblocked스타일의 차이점은 무엇이었나요?

4. Simplified 스타일의 특이한 점은 무엇이었나요?

5. 아래의 편지봉투 용어의 뜻을 적어보세요.

   1) Confidential, Private, Personal
   2) Urgent
   3) Registered Mail
   4) Express Mail

NCS기반의 종합연습문제

뒷장의 편지지를 참고하여 아래의 Business Letter를 완성한 후 (1) Full Blocked, (2) Blocked, and (3) Semiblocked Arrangement Style로 구성요소를 배열하여 문서를 제출하시오. (총 제출해야 하는 문서: 3장) 단, 주는 반드시 약어로 표기한다.

- Date line: November 19, 2016
- Inside address: The Middleton Technology, 149 Blueberry Lane, Danbury, Connecticut 50201
- Receiver: David Ewing, Sales Manager
- Body: Thank you for your cooperation and patience with us as we struggled to make a decision. We believe our long involvement with your company indicates our confidence in your products.

  Although we did not select your product, we were very impressed with your system and your people. Perhaps we will be able to use other Middleton products in the near future.
- Complimentary closing: Sincerely yours
- Writer's information: Hedy Ronson, Purchasing Manager
- Reference initials: HR: 본인이니셜

KAYTON'S PLASTICS, INC

1313 Spring Street
Philadelphia, PA 75613

비즈니스 레터 구성 요소와 정렬에 대한 평가 (중간고사 대비)

1. 영문서의 구성 요소를 1번부터 13번까지 순서를 영어로 적으세요.

1)
2)
3)
4)
5)
6)
7)
8)
9)
10)
11)
12)
13)

2. 위의 번호로 답하거나, 정답을 쓰시오.

1) 받는 사람의 주소가 쓰여 지는 곳은?

2) 수신자의 이름을 정확히 모를 때 어떤 구성요소를 넣으면 되는가?

3. Business Letter Arrangement Style 3가지를 배운 순서대로 영어로 적으시오.

1)
2)
3)
4) indented
5) simplified

4. Business Letter Arrangement Style에 대한 문제입니다.

1) 위 3번 문제에서 1)과 2)의 가장 큰 차이는 무엇인지 구체적으로 서술하시오. (어떤 구성요소들이 어떻게 되는지 쓸 것)

2) 위 3번 문제에서 2)와 3)의 가장 큰 차이는 무엇인가?

Unit 05

Requests & Inquiries Letters (요청 & 문의 편지)

● 이번 단원에서는?

지금까지 Business letter의 구성요소들과 정렬 스타일에 대해 완벽히 학습 했습니다! 그럼 이제부터 실제로 영어 편지를 해석해 보고 작성도 해 보겠는데요, 이번 단원의 주제는 바로 Request letter입니다.

● NCS 기반의 학습목표

1. 상사의 지시에 따라 문법과 형식에 맞추어 영문서를 작성할 수 있다.
2. 상사의 지시에 따라 Requests Letter와 Inquiries Letter를 작성할 수 있다.

1. Requests & Inquiries Letters (요청 & 문의 편지)
   1) 요청 및 문의 편지를 작성하는 상황

2. Requests & Inquiries Letters (요청 & 문의 편지)
   1) Example 1
   2) Example 2
   3) Example 3
   4) Example 4

- Grammar Check! a few와 a little
- 정리하고 넘어갑시다!
- NCS기반의 종합연습문제

1. Requests & Inquiries Letters (요청 및 문의 편지)

1) 요청 및 문의 편지를 작성하는 상황

회사에서 무언가를 요청하거나 문의하는 편지는 다양한 상황에 사용할 수 있으며 상대방으로 하여금 신속한 행동을 이끌어 내기 위해서 바람직한 요청 및 문의는 첫째, 상세하고도 간결해야 하며 둘째, 편지를 읽는 이가 이해할 만한 수준이어야 하며 마지막으로 완벽하고 정확해야 한다.

요청 및 문의편지는 어느 경우에 작성하게 되나요?

- 요청 및 문의편지는 어느 경우에 작성하게 되나요?
- 가격이나 데이터 같은 정보를 얻고자 할 때
- printed matter(인쇄물)(예: booklets(소책자), catalogs(카달로그), price lists(가격표), and reports(보고서))를 받아보고자 할 때
- sample products(샘플 제품)를 받아보고자 할 때
- 수리 서비스 등을 예약하고자 할 때
- 호텔이나 레스토랑을 예약하고자 할 때
- 특별한 부탁(허락을 구하고자 할 때, 도움이나 조언이 필요한 경우)을 하고자 할 때

2) Requests & Inquiries Letters (요청 및 문의 편지)

정보를 요청할 때에는 편지를 수신하는 자가 답하기 쉬운 형태로 편지를 써야 한다. 다음 샘플들을 살펴보자.

Example 1

To whom it may concern:

Please send us information about your office printers so that we will know whether one would be suited to our type of business.

Sincerely,

위의 Example 1에 나온 Request letter는 어떤 요청을 하고 있는가? 편지를 쓴 이는 바람직한 요청을 하고 있는가? 만일 그렇지 않다고 생각한다면 그 이유를 적어보자.

Example 2

A & M

Austin and Madison, Inc.
1996 Oxford Street
Houston, TX 78204

September 2, 20XX

Office Depot
4204 First Ave.
Dallas, TX 78245

Attention of the Sales Department

To whom it may concern:

We would like to purchase a new office printer. We would like to consider an AA-337 printer and wonder if you have a model that would suit our needs.

Our office is quite large, and a printer would generally be used by four executive assistants. We make approximately 500 copies a week and prefer a machine that has a regular check from the manufacturer.

We would also like to know about your warranty and repair service.

We hope to hear from you no later than this month.

Sincerely yours,

Kate Kim

Kate Kim
Executive Assistant

KK/mh

CC: Purchasing Department

위의 Example 2에 나온 Request letter는 Example 1에 비하여 어떠한 점이 다른지 생각해서 적어 보자.

Example 1과 2는 모두 정보를 요청하는 Request letter이지만, 2번 예제가 훨씬 잘 쓰여진 Business letter이다. 그 이유는 프린터가 필요한 사무실의 상황(넓은지 좁은지, 몇 명의 비서가 주로 사용을 하는지 등)이 더욱 자세히 나와 있기 때문이다. 같은 내용이라고 하더라도 1번 편지에 비해 2번 편지를 쓴 사람이 훨씬 "실제 구매자"가 될 확률이 크기 때문에 2번 편지에 대한 답장이 더욱 신속하고 정성스럽게 이루어 질 것이라고 예상되어 진다.

무언가를 요청하거나 문의할 때 다음에 유의하도록 하자!

- 알고 싶은 것을 명확히 명시하자(Itemize and list the specific facts!)
- 회신용 편지봉투를 동봉하거나, 연락받을 전화번호나 팩스번호 또는 이메일 주소를 자세히 언급하여 응답할 수 있는 방법을 구체적으로 제시해야 한다.

Exercises

Example 2를 보고 문제에 답하시오.

- 어느 회사에서 어느 회사로 보내는 편지인가?
- inside address에 무엇이 빠졌는가?
- 그렇기 때문에 salutation이 어떤 형태로 되어 있는가?
- 현재 arrangement style은?
- 이 편지의 arrangement style을 Semiblocked style로 수정하려면 어떻게 해야 하는가?
- Austin and Madison회사의 상황은 어떠한가?
- 편지를 쓴 사람의 직책은 무엇인가?
- 함께 받는 사람(또는 부서)이 있는가?

Words Check

- purchase
- consider
- needs(명사)
- approximately
- manufacturer
- repair
- would like to
- suit
- executive assistant
- prefer
- warranty
- no later than

Example 3

Report Request

Min-Woo Kwon

Report Request

Dear Mr. Kwon:

Ms. Williams asked me to request a copy of the report passed out at the last meeting of the Board of Directors. The subject of the report is 'new GS promotion'.

She will appreciate receiving a copy by the 7th.
Thank you.

Cordially yours,

Sadra Riser

Sans... B I U A

보내기 저장됨

Exercises

Example 3을 보고 문제에 답하시오.

- 누구의 지시로 누가 누구에게 보내는 사내 요청 메일인가?

- Ms. Williams가 필요로 하는 것은? 또 언제까지 필요로 하는가?

Words Check

- pass out
- the board of directors
- promotion
- appreciate

이메일은 훨씬 간단하네요?

맞아요. 이메일은 Business letter에 비해 훨씬 격식도 없고 간단해요. 위에 나오는 Example 3은 사내 사람에게 보내는 요청 이메일이에요.

Example 4

Austin에 살고 있는 Ms. Kang은 최근 대학원 admission을 받은 후 Teaching Assistantship에 지원하였고 학교 측으로부터 소식을 듣지 못하여, 제공받을 수 있는 Assistantship이 있는지 확인해 달라는 요청 메일을 보냈고 다음과 같은 답장을 받았다.

HEAVEN STATE
UNIVERSITY

April 22, 20XX

Ms. Sue Kang
7964 Lake Austin Blvd. APT K-201
Austin, TX 78703

Dear Ms. Kang:

Thank you for your inquiry for employment as a graduate assistant in the Department of Secretarial Studies. Unfortunately, at this time we are not able to offer an assistantship to you for Fall Semester 2016 and Spring Semester 2017.

Your application may have been retained and submitted to a pool of qualified applicants. To inquire regarding your status, please call the Department of Secretarial Studies directly at 517-888-9999.

Sincerely,

Tim Bottoms

Tim Bottoms
Associate Chair

Exercises

Example 4를 보고 문제에 답하시오.

- 발신자의 정보를 최대한 자세히 설명해 보시오.
- Letter Arrangement 스타일은 무엇인가?
- 답장의 내용은 긍정적인가, 부정적인가?
- Ms. Kang이 현재의 status에 관해 문의하고자 하면 어떻게 해야 하는가?

Words Check

- employment
- unfortunately
- be able to
- offer
- assistantship
- retain
- submit
- qualified
- apply
- applicant
- inquire
- regarding
- status

Grammar Check!

a few와 a little

조금 있다? 거의 없다? 셀 수 있는 명사 앞? 셀 수 없는 명사 앞?
아 ~~ 배워도 배워도 이건 나올 때 마다 헷갈려요~

A few + 셀 수 있는 명사의 복수

A little + 셀 수 없는 명사

'많이는 아니지만 아무튼 약간 있기는 있다'라는 뜻은 a few와 a little로 할 수 있습니다. 하지만, 두 가지가 아무렇게나 쓰이는 건 아니고요, 셀 수 있는 것이 약간 있을 때는 a few를 셀 수 없는 것이 약간 있을 때는 a little을 사용합니다.

여기서 조심할 점은, 셀 수 있는 명사의 경우는 약간 있다는 것은 적어도 2개 이상이 있다는 의미이니까 반드시 셀 수 있는 명사의 복수형태가 와야 한다는 것(a few+복수명사)입니다. 다음의 예문을 살펴보고 a few와 a little 중에서 알맞은 것을 골라서 적어봅시다.

- Today, I'm going to meet ________ professors.
- I had ________ wine at dinner.
- I can speak ____________ English.
- I have ________ questions for you.
- You look so busy and tired. I'm gonna give you __________ help.

위 문제들 중, 정답이 a few가 되는 것들의 뒤의 명사 형태를 파악하여 공통점이 무엇인지 써보자.

정리하고 넘어갑시다!

1. 바람직한 요청 및 문의의 3가지 원칙을 정리해보자.

   1) 상세하고 ________________

   2) ________________________

   3) 요청이 완벽하고 __________________

2. 무언가를 요청하거나 문의할 때 유의할 점을 크게 두 가지로 나누어 적어보자.

3. 다음의 단어들의 뜻을 적어 보시오.

   purchase

   needs(명사)

   warranty

   no later than

   pass out

   the board of directors

   appreciate

   be able to

   offer

   retain

NCS기반의 종합연습문제

Example 2에 대한 답장을 다음 페이지에 작성해 보자. 본문의 빈칸은 아래 박스 안에 제시된 단어를 이용하시오. (Arrangement Style 다양하게 작성해 보기)

- Letterhead: 파악하여 표기하기
- Date line: September 7, 20XX
- Writer: Otto Munson (Sales Manager)
- Inside address: 파악하여 표기하기
- Body: 밑줄에 들어갈 단어는 아래 박스에서 찾아서 삽입하세요.

  Thank you for your ________ in our products. ________ is the most ________ brochure. AA-440 is the newest model offering the regular check. AA-337 is perfect size for your office but it does not have the ________ check.

  It means that you should pay for it with extra cost and the enclosed brochure contains the information. After ________ the brochure, please let me know if you have questions. I would like to ________ your interest with our products again. I am looking forward to ________ the ________ for you as soon as possible.

- Complimentary closing: Sincerely
- Enclosure: 만일 있다면 표기하기
- Reference Initials: 편지를 타이핑 해준 비서의 이니셜은 sm으로 표기 (반드시 두 사람이 등장 하도록 함)
- Carbon Copy: Public Relations Department

process, interest, current, maintenance, attached, appreciate, reviewing, expediting

Unit 06

Order Letters (주문 편지)

● 이번 단원에서는?

지난 단원에서 우리는 Request letter의 한 종류로 문의하는 편지에 대해 학습했습니다.
이번 단원에서는 제품을 주문하는 주문 요청 편지를 공부해 보도록 합시다.

● NCS 기반의 학습목표

1. 상사의 지시에 따라 문법과 형식에 맞추어 영문서를 작성할 수 있다.
2. 상사의 지시에 따라 Order Letter를 작성할 수 있다.

1. Order Letters (주문 편지)

   1) 주문 편지를 작성하는 상황

   2) Order Letters (주문 편지)

      • Example 1

      • Example 2

      • Example 3

   3) Order Confirmation (주문 확인서)

      • Example 4

      • Example 5

      • Example 6

- Grammar Check! few와 little
- 정리하고 넘어갑시다!
- NCS기반의 종합연습문제

1. Order Letters (주문 편지)

1) 주문 편지를 작성하는 상황

회사에서 무언가를 주문할 때 보통 그 회사만의 양식인 Purchase Order(구매 요청서)를 사용하거나, 아니면 Seller쪽(판매 업체 쪽)의 양식인 Order Form(주문 요청서)을 사용하는 것이 일반적이기도 하지만 주문서를 작성할 때 Business Letter의 포맷으로 작성하는 경우도 반드시 알아두어야 할 것이다. 그럴 경우에 주문을 요청하는 편지는 완벽하고 정확한 정보를 담고 있어야 한다. 완벽하지 않은 정보는 배달을 지연시키고, 부정확한 정보는 잘못된 상품의 수령이라는 결과가 나올 수 있기 때문에 회사에 큰 피해를 줄 수 있다.

주문 편지에는 무엇이 포함되어야 하나요?

- 주문하는 아이템의 이름과 아이템 번호 (모델 번호 혹은 catalog의 번호 등)
- 정확한 주문 수량
- 만일 정확한 아이템 번호를 모른다면 제품에 관한 상세한 묘사 (크기, 무게, 색깔, 재질, 그 밖의 추가적인 특징들)
- 단위 가격 (Unit Price)
- 적용 가능한 할인에 대한 문의
- 총 금액 (Total Price)
- 지불방법
- 희망하는 배송 날짜
- 배송 방법 (일반 소포로 받을지, 빠른 우편으로 받을지 등)
- 배송 받을 주소
- 관계자의 서명
- 만일 광고에서 본 제품을 주문하는 경우라면 어느 광고에서 보았는지 (잡지나 신문의 발행 일자나 정확한 타이틀 등)

2) Order Letters (주문 편지)

다음 편지가 주문 편지로 바람직한지 살펴보자.

Example 1

Dear Sirs:

Please send me a pair of headphones and case that I saw advertised for $39.99. I have recently purchased the newest sound equipment.

My check is enclosed.

Truly,

위의 Example 1에 나온 Order letter는 무엇을 주문하고 있는가? 편지를 쓴 이는 바람직한 주문을 하고 있는가? 만일 그렇지 않다고 생각한다면 그 이유를 적어보자.

Words Check

- a pair of
- advertise
- advertisement
- recently
- equipment
- check
- enclose

Example 2

2 Plaza Space
Kansas City, KS 79415

February 2, 20XX

STYLEBuy
130 Second Ave.
Boston, MA 02118

Dear Sirs:

I ________ ________ your advertisement in the Kansas City News Paper, January 27. Today, I am writing to ________ the ________ product:

MODEL Tanger-48 with orange case (Price: $39.99)

Please send me the item the ________ address by ________ and charge the total price (including sales tax, shipping and handling costs to my MASTER CARD (number 1234 - 5678 - 1111 / Expiration date, 11/2020)

Sincerely yours,

Dave Ryan

Dave Ryan

overnight delivery, order, above, have, following, seen

Words Check

- product
- charge
- including

Example 2에 나온 Order letter는 Example 1에 비하여 어떠한 점이 다른지 생각해서 적어 보자. (주문 편지에 포함되어야 하는 요소들을 다시 살펴보자.)

Example 1과 2는 모두 Order letter이지만, 2번 예제가 훨씬 잘 써진 Business letter이다. 주문편지에서 Example 1처럼 왜 주문을 하려고 하는지 이유를 밝힐 필요가 없으며 어디에서 무슨 광고를 통해 보았는지, 가격은 얼마였는지, 정확한 모델명은 무엇이며 어떤 방식으로 배송을 받고 싶은지 등을 서술하면 된다.

Exercises

Example 2를 보고 문제에 답하시오.

- 박스에서 적절한 어휘를 골라 Order Letter를 완성하시오.
- 주문하는 사람은 제품을 어디에서 보고 주문하는 것인가?
- STYLEbuy 업체는 어느 주소로 배송을 해주어야 하는가?
- 배송 방법은 일반 소포(Parcel Post)인가?
- 대금 결제는 어떤 방법으로 이루어지는가?

쉬어가기 : 미국의 우체국 (www.usps.com)

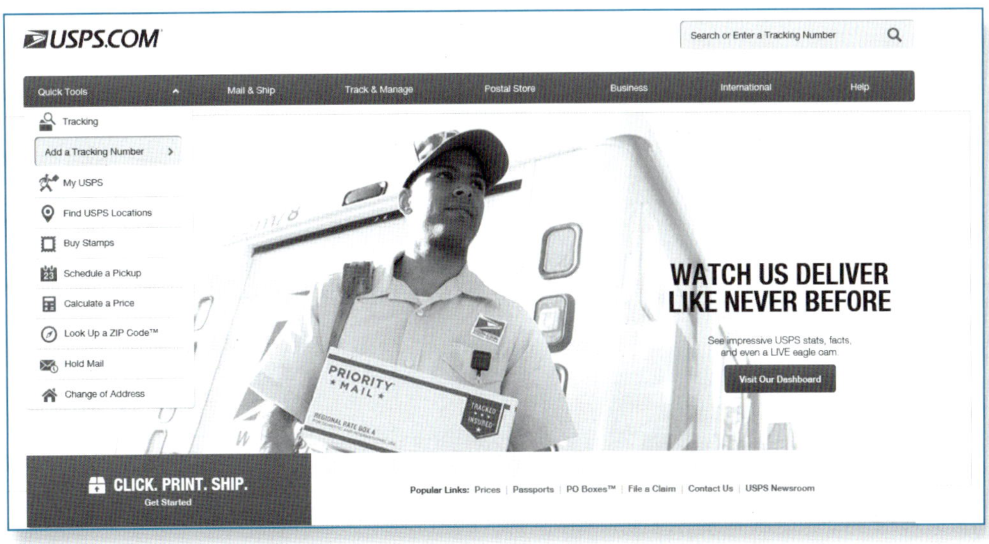

Example 3

이 편지는 Example 2에 대한 답장이다.

February 7, 2016

Dear

Thank you for your order (your order number is #4204) on February 2, which we can <u>fill</u> within 24 hours, except for the orange case. As we already told you on the phone, we will back order the case and ship it to you in 5 days.

You will receive the case without any additional delivery fee. Thank you for being so patient and we look forward to serving you in the near future again.

Best,

Henry Fiddle

Henry Fiddle
Sales Manager

Words Check

- fill
- within
- except for
- back order
- ship
- additional
- delivery
- patient
- look forward to 동사ing

Exercises

Example 3을 보고 문제에 답하시오.

- 이 편지가 Example 2에 대한 답장이라는 것을 생각하면서 빈칸 부분을 채워 넣어 보자.

- 본문 중 밑줄 친 fill이라는 단어의 뜻을 사전에서 찾아서 써보자. 이 경우에는 무슨 뜻으로 쓰였을까?

- Dave Ryan이 처음에 원했던 대로 배송을 받을 수 있을까?

- 오렌지 케이스는 언제 배송되어질 예정이고, 물건을 주문한 Dave Ryan은 이에 관한 추가적인 배송 비용을 지불해야 하는가?

쉬어가기 : 미국의 백화점들

Dillard's

Department store company

Dillard's, Inc. is an upscale department store chain in the United States, with 330 stores in 28 states. Wikipedia

Stock price: DDS (NYSE) $103.50 -0.70 (-0.67%)
Jul 14, 4:01 PM EDT - Disclaimer

CEO: William T. Dillard II

Founder: William T. Dillard

Founded: 1938

Nordstrom

Retail company

Nordstrom, Inc. is an American upscale fashion retailer, founded by John W. Nordstrom and Carl F. Wallin and headquartered in Seattle. Wikipedia

Customer service: +1 319-846-4140

Stock price: JWN (NYSE) $78.01 -0.02 (-0.03%)
Jul 14, 4:01 PM EDT - Disclaimer

CEO: Blake W. Nordstrom

Founder: John W. Nordstrom

Founded: 1901, Seattle, Washington, United States

Macy's

Department store company

Macy's, originally R. H. Macy & Co., is a mid-range chain of department stores owned by American multinational corporation Macy's, Inc. It is one of two divisions owned by the company, with the other being the upscale Bloomingdale's. Wikipedia

Customer service: +1 513-573-7912

Founded: 1858, New York City, New York, United States

Founders: Isidor Straus, Rowland Hussey Macy

3) Order Confirmation (주문 확인서)

최근에는 letter를 통한 주문 보다 온라인으로 주문을 하는 경우도 증가하고 있다. 해외 직구 사이트도 많아지는 추세여서 상사 대신 해외 쇼핑몰에서 물건을 사는 경우도 있게 될 경우를 대비하여 온라인으로 주문을 하면 해당 쇼핑몰에서 E-mail로 보내주는 order confirmation도 살펴보도록 하자.

Example 4

Ms. Kim은 보다 수준 있는 손님 응대를 위해 온라인 쇼핑 중 마음에 드는 Teapot을 발견하여 Dillard's백화점에서 다음과 같이 Teapot을 주문하였다. 아래는 그녀가 주문한 이후 받은 email 이다. 다음을 잘 살펴보고 문제에 답해보자.

Dillard's 1-800-345-5273

Become Our Fan
Follow Us

We will do our very best to keep you informed about the status of your order. The current status of the item(s) on your order is detailed below.

Order Number: 302967476 For the current status Click Here

Quantity	Description Reservation Number	Unit Price Status	Total Price Ship Date
2	Wedgwood "Ethereal" Teapot Item: Teapot	9.99	19.98
	Reservation Number: 52965779	Shipped	2010-11-10

Merchandise Total:	19.98
Gift Wrap:	0.00
Shipping/Handling:	5.95
Tax:	2.27
Total:	28.20

Each item on your order is associated with a reservation number. Shipped reservations were sent via the carrier indicated below. Please allow up to 24 hours for the Carrier(s) to update the tracking information. Click on the tracking number to access the carrier's site to track shipment.

Reservation	Tracking Number	Carrier
52965779	9612804159178672187680	FEDEXGROUND

Processing time for in stock items is approximately 2 business days. Please allow 4-7 business days for regular shipping and 2-3 business days for express delivery. Delivery times do not include processing time.

If you have questions about your order, contact us via e-mail at customer_service@dillards.com or call 1-800-345-5273. Our service representatives are available to assist you Monday - Saturday from 7 a.m. to 10 p.m. and Sunday from 12 noon to 6 p.m. (CST).

Thank you for shopping Dillard's Direct.

Words Check

- do one's (very) best
- current
- quantity
- unit price
- representative

Exercises

Example 4를 보고 문제에 답하시오.

- order number를 찾아 쓰시오.

- 얼마짜리 Teapot을 몇 개 주문하여 물건 값만 얼마인가?

- total price는 얼마이며, 여기엔 물건 값 이외에 무엇과 무엇이 포함된 금액인가?

- 물건을 발송될 예정인가? 아니면 이미 발송이 된 상태인가? 만일 발송이 되었다면 어느 날짜로 발송이 되어졌는가?

- 주문에 대한 질문이 있다면 주문자는 어떻게 해야 하는가? 자세하게 답해보시오.

Example 5

Mr. Kwon은 Staples라는 온라인 사이트에서 레이저 프린터를 주문하였다. 물건은 오피스 근처 Store에서 Pick-up 하기로 하였다. 해당 제품은 물건을 주문하면 나중에 30불을 되돌려 주는 Rebate를 진행하고 있어서 구입하는데 좋은 기회가 되었다. 아래 주문서의 내용을 살펴보자.

STAPLES
that was easy.

Show All Products | My Account | Customer Service | Questions? 1-800-STAPLES

Hello, and thanks for shopping Staples.
This is to confirm that your order has been received and is being processed.

Order No.: 9208730558

Customer No.: 4207093552 **Method of Payment:** AM ending in 2006

Track order: Track your order

Delivery address	Billing Address
MI KYUNG KIM	MIN WOO KWON
STAPLES STORE #0367	2402 HAMPSHIRE DR
2005 N. PROSPECT AVE	CHAMPAIGN, IL 61820
CHAMPAIGN, IL 61822	
Store hours & directions	

Item 1	Qty.	Subtotal
BROTHER EHL2140 LASER PRI Item No.: 792930 Price: $79.99/each Expected Delivery to Staples store: **10/18/2010 by UPS**	1	$79.99

Subtotal:	**$79.99**
Delivery:	**FREE**
Coupon1:	**-$25.00**
Tax:	**$3.44**
Total:	**$58.43**

Easy Rebate(s) available: Submit your rebate online at www.stapleseasyrebates.com.

Order Number:	9208730558
Rebate Offer Number:	10-24752

Submit by 12/12/2010: Get a $30 Visa (R) Prepaid Card on a Brother Refurbished EHL 2140 Laser Printer (SKU 792930) at Staples.com

Words Check

- rebate
- method
- track
- bill

Exercises

Example 5를 보고 문제에 답하시오.

- order number를 찾아 쓰시오.
- 제품의 지불 방법은 무엇이었나?
- 제품은 누가 어디로 가서 찾으면 되는가?
- 예상되어지는 제품의 배송일은 언제인가?
- 주문자가 지불한 Total Price는 얼마이고, 원래 제품가격 보다 돈을 훨씬 적게 낸 이유는 무엇인가?
- 30불의 Rebate를 받기 위해 주문자가 할 일은 무엇이라고 생각하는가?
- 편지의 윗 부분에 쓰여져 있는 문장 중, [your order has been received and is being processed] 문장을 정확하게 해석해 보시오. (시제에 유의할 것)

Example 6

다음의 이메일은 Example 5에 나왔던 내용의 추가적인 사항이다. 주문을 마친 Mr. Kwon은 30불의 Rebate를 받기 위해 온라인으로 신청을 마치고 다음과 같은 이메일을 받았다. 내용을 살펴보자.

Thanks for submitting your rebate! 받은편지함 x

Staples Easy Rebates <StaplesEasyRebates@stap 10. 10. 13.
나에게

We just received your rebate information. Hope submitting it online was a snap!

Soon, you'll be able to track the status here:
http://www.stapleseasyrebates.com/staples/Search.do?claimNumber=436621001&email=mkkim78@gmail.com

For easy reference, here's the information you submitted:

Rebate Offer Number(s):10-24752
Easy Rebates ID number/Order number:9208730558
Tracking number:436621001

If you have questions about Easy Rebates or this email, please read our Frequently Asked Questions at:
http://www.stapleseasyrebates.com/staples/SplashAction.do?action=FAQ

If you need more help, please go to https://www.stapleseasyrebates.com/staples/SplashAction.do?action=Help and send us an email. (Since this is an automated email system, we can't respond to replies sent to this address.)

As always, thanks for shopping Staples.

Your Easy Rebates team

Words Check

- reference
- Frequently Asked Questions
- since
- respond

Grammar Check!

few와 little

조금 있다? 거의 없다? 셀 수 있는 명사 앞? 셀 수 없는 명사 앞?
아~~배워도 배워도 이건 나올 때 마다 헷갈려요~

Few + 셀 수 있는 명사의 복수	Little + 셀 수 없는 명사
Few는 거의 없다 즉, 부정의 의미!	Little은 거의 없다 즉, 부정의 의미!

a few와 a little이 '조금 있다'는 의미가 있는 거에 반면 '거의 없다'라는 뜻은 few와 little로 쓸 수 있습니다. 이 역시 마찬가지로, 셀 수 있는 것이 거의 없을 때는 few를 셀 수 없는 것이 거의 없을 때는 little을 사용합니다.

여기서 조심할 점은, 셀 수 있는 것이 거의 없다고 해도 아주 조금은 있다는 의미이니까 반드시 셀 수 있는 명사의 복수형태가 와야 한다는 것(few + 복수명사)입니다. 다음의 예문을 살펴보고 few와 little 중에서 알맞은 것을 골라서 적어봅시다.

- I have ________ information about the insurance company.
- I have ________ interest in English.
- There were ________ children in this town.
- We see ________ lightning bugs even on a farm.

위 문제들 중, 정답이 few가 되는 것들의 뒤의 명사 형태를 파악하여 공통점이 무엇인지 써보자.

정리하고 넘어갑시다!

1. 주문편지를 작성하는 상황
   1) 그 회사만의 양식인 ____________를 사용
   2) 판매업체 쪽의 양식인 ______________을 사용
   3) ___________________으로 작성하는 경우

2. Example 1이 주문 요청 편지로 적절하지 않았던 이유는 무엇인가?

3. 다음의 단어들의 뜻을 적어 보시오.
   - advertise
   - equipment
   - including
   - except for
   - ship
   - delivery
   - look forward to 동사ing
   - quantity
   - unit price
   - rebate
   - method

NCS기반의 종합연습문제

미국 지사로 발령이 난 상사를 위해 아파트를 알아보던 전수빈 비서는 상사가 원하던 아파트에 렌트할 Unit(방)이 남아 있지 않아서, 해당 아파트에 이름을 올려 두었고, 며칠 후 그 아파트 매니저로부터 다음과 같은 요청 이메일을 받았다.

Hello Subin,

I just wanted to email you to see if your boss was still interested in a 2 bedroom apartment at The Greenpark Apartments.

I just had one come open, it is 2nd floor facing West in 2002 Sheboygan Avenue building. It rents for $840.00 a month and it will be ready for move in date of Oct. 15th.

Please let me know if your boss has found housing elsewhere or if your boss is still interested.

I have attached the applications. We will need copies of passport and $100.00 to hold the unit.

Thank you!

Sincerely,

Adrianne Lee

Adrianne Lee

Office Manager

The Greenpark Apartments

- 상사에게 보고할 내용은?
- 아파트 측에서 요청한 내용은 무엇이고 어떻게 처리하면 될까?

쉬어가기 : 미국 아파트 Application Form

The Greenpark Apartments
2848 Sheboygan Avenue Madison, WI 53705 (608) 250-4204
greenpark@green.net Fax (608) 250-4205

APPLICATION FOR RESIDENCY

Lease Address: ______________________ Move-In Date: ______________________
Rent: ____________ Security Deposit: ____________ Pro-rated Rent: ____________

Lease Terms: From ________ to ________ Remarks: ______________________

EACH PROSPECTIVE RESIDENT MUST FILL OUT A SEPARATE APPLICATION

Name of Applicant ______________________ TIN or S.S. # ______________ (Optional)

Email Address ______________________________________

Total Number of Occupants ______ Names of All Additional Residents to Occupy Apartment

____

Do You Want Underground Parking (If Available)? ________ Total Number of Cars ______ (Two maximum per apartment)

HOUSING REFERENCE

Present Address ______________________________ Phone # __________

City ______________ State ______ Zip Code __________ Rent __________

Present Landlord ______________________________ Phone # __________

Landlord's Address ______________________________________

Length of Residency __________ Reason for Moving ______________________

Previous Address ______________________________ Rent __________

City ______________________ State __________ Zip Code __________

Previous Landlord ______________________________________

Landlord's Address ______________________________ Phone # __________

Length of Residency __________ Reason for Moving ______________________

INCOME

Present Employment ______________________ Employment Dates ______________

Business Address ______________________________________

Position Held ______________________ Immediate Supervisor ______________

Business Telephone # ______________ Salary $ __________ per ________

Previous Employer ______________ Employment Dates ______________

Business Address ______________ Business Phone ______________

If you are not presently employed or have additional sources of income, please indicate the source and monthly amount you receive:(i.e. Pensions, Grants, Loans, S.S.I., I-20 and Disability)

	SOURCE	MONTHLY AMOUNT
1.	______________	$ ______________
2.	______________	$ ______________
3.	______________	$ ______________

Approximate Total Annual Income: $ __________
Have You Ever Declared Bankruptcy?________ If Yes, When? ______________
Have You ever Been Evicted From An Apartment?________ If Yes, When? ______________

BANK/CREDIT HISTORY (we do not need account #)

Bank Name ______________

Address ______________

Bank Name ______________

Address ______________

Credit Card ______________

Credit Card ______________

VEHICLE/DRIVER IDENTIFICATION

Driver's License/State ID # ______________ State Issued ________

Type and Make of Car(s) ______________ Year ________

License Plate # ______________ State Issued ________

EMERGENCY CONTACT

Name ______________ Relationship __________ Hm # __________

Address ______________ Wk # __________

Unit 07

Reservation & Confirmation Letters ①

(예약 & 확인 편지 ①)

● 이번 단원에서는?

지난 단원에서 우리는 각종 주문과 관련된 영문서에 대해 학습하였습니다. 이번 단원부터는 상사의 출장을 준비하면서 만나게 되는 예약과 관련된 많은 종류의 영문서에 대하여 알아보도록 합시다. 먼저 상사의 해외 출장 준비의 첫걸음인 비행기 예약과 관련된 영문서부터 공부해 보도록 합시다.

● NCS 기반의 학습목표

1. 상사의 지시에 따라 문법과 형식에 맞추어 영문서를 작성할 수 있다.
2. 상사의 출장 준비에 필요한 비행기표 예약과 확인을 위한 영문서를 이해하고 활용할 수 있다.

1. Reservation Letters (예약 편지)
   1) 예약 편지를 작성하는 상황

2. Flight Reservation (비행기 예약)
   1) 비행기 예약과 관련된 영문서
   2) 국제선 e-ticket
      - Example 1-1
      - Example 1-2
      - Example 2
   3) 미국 국내선 e-ticket
      - Example 3
      - Example 4

- Grammar Check! 수동태
- 정리하고 넘어갑시다!
- NCS기반의 종합연습문제

1. Reservation Letters (예약 편지)

1) 예약 편지를 작성하는 상황

비서라면 상사를 위해 예약 편지를 작성해야 하는 상황이 많이 있을 것이다. 한 예로 상사의 해외 출장에 관하여 생각해보자. 일단 항공 티켓을 예약하고 호텔을 예약하고 만일 해외에서 운전을 하실 예정이라면 렌터카까지 예약을 해야 할 것이다. 이처럼 상사의 해외 출장만으로도 비서는 이와 관계된 수없이 많은 영문 용어와 영문서와 마주하게 되는데, 이럴 때 양식의 기본 포맷이나 자주 등장하는 어휘 정도만 알고 있어서 업무를 처리하는데 있어서 훨씬 큰 도움이 될 것이다.

예약과 관련된 영문 용어나 영문서를 마주하는 상황은요?

- 비행기 예약 후 받게 되는 e-ticket
- 호텔 예약을 요청하는 편지와 confirmation letter
- 렌터카 예약과 관련된 문서와 예약 후 받게 되는 confirmation letter

2. Flight Reservation (비행기 예약)

1) 비행기 예약과 관련된 영문서

상사의 해외 출장이 정해지면 일단 비행기부터 예약을 해야 한다. 비서가 비행기 좌석을 예약하는 방법은 회사와 업무 협약을 맺어둔 여행사에 의뢰하거나, 아니면 비서가 직접 항공사에 전화를 걸거나 해당 항공사 인터넷 사이트를 이용하여 예약을 하게 된다. 어떤 형태이든 예약을 마치면 e-ticket을 이메일로 받게 되는데 여기 자주 등장하는 어휘 등을 익혀 두거나 보는 방법을 익혀 둔다면, 초보 비서라도 영문 e-ticket을 받았을 때 당황하는 일이 적을 것이다. 아래의 e-ticket을 먼저 살펴보자.

2) 국제선 e-ticket

예전에는 비서실에서 업무협약을 맺어둔 여행사에 항공 티켓 예약을 부탁하면, 관계자가 예약을 마치고 비서실로 종이티켓을 보내 주었지만, 요사이에는 거의 인터넷을 이용한 예약이 많이 있기 때문에 비서는 반드시 e-ticket보는 방법을 숙지하고 있어야한다. 다음은 인천에서 미국 시카고까지 왕복하는 여정의 e-ticket이다. Example 1-1에는 Customer Information과 Trip Summary 그리고 Departing Flight일정이 나와 있고 Example 1-2에는 Return Flight와 Price Details가 기재되어있다.

Words Check

- customer information
- trip summary
- departing flight / return flight
- price details

Example 1-1

Booking Receipt

Please print and keep this receipt.

Please do not respond to this e-mail! This email is intended for notification purposes.

Click here to see your itinerary online »
Click here to print your itinerary »
Click here to see your itinerary on mobile »

Customer Information

Traveler:	**Mi Kyung Kim**	Email:	foremost762@gmail.com	Phone:	**608-770-3982**
Booking #:	**14140107**	Booked on:	**Mon, Dec 03, 2012**		

Click here to claim your **$40 Rebate**
on the reservation you just made.

Continue

Billing terms and conditions apply.
Claim your Cash Back with enrollment in Great Fun.

Trip Summary

Flight Summary

From: Seoul Incheon, KR **(ICN)** **To:** Chicago OHare, IL , US **(ORD)**	**Depart:** Mon, Dec 24, 2012 **11:10 am - 03:35 pm** (1 Stop) **Return:** Tue, Feb 12, 2013 **12:30 pm - 09:30 pm** (+1 day) (1 Stop)	**Airline Confirmation:** Korean Air : DIS8KE American Airlines : FLJFBE Japan Airlines : BAVUHK Select Seats

Traveler Name	Ticket Number	Meal Preference	Special Request
Kim, Mi kyung (Adult)	0017150858525 E-Ticket	Any meal	—
Kwon, Kaiden (Child)	0017150858526 E-Ticket	Any meal	—

Disclaimer: All special requests, meal preferences, seat requests are not guaranteed. You must contact your airline to reconfirm that they have received this request and confirmed it.

Flight Booking Details

Purchase Travel Insurance (Recommended)

Your ticket is non-refundable.
Add travel insurance, secure your investment.
Insurance that covers cancellations, delays, lost baggage, accidents, death/dismemberment - up to **$100,000!** Learn more »

Total price: US$ 110.00

Add Insurance to My Trip

Booking Number: **14140107**

Departing Flight - Monday, Dec 24, 2012

Korean Air **Flight 1** 332 AIRBUS INDUSTRIE JET Jet **Airline confirmation:** DIS8KE Select Seats	**From** **Seoul Incheon** (ICN) **11:10am** -Dec 24, Mon	**To** **Tokyo Narita** (NRT) **01:25pm** -Dec 24, Mon **Free baggage allowance** 2 pieces	**Nonstop** Coach **Flight Duration** 2 hr 15 min

Connecting flight wait time 5 hours 20 minutes

American Airlines **Flight 154** Boeing 777 Passenger Jet **Seats: 41C,41D** **Airline confirmation:** FLJFBE	**From** **Tokyo Narita** (NRT) **06:45pm** -Dec 24, Mon	**To** **Chicago OHare** (ORD) **03:35pm** -Dec 24, Mon **Free baggage allowance** 2 pieces	**Nonstop** Coach **Flight Duration** 11 hr 50 min

Flight Duration: 14hr 05min **Layover Time:** 5hr 20min **Total Trip Time:** 19hr 25min

Words Check

- receipt
- be intended for
- notification
- purpose
- itinerary
- traveler
- book
- depart
- return
- non-refundable
- add
- insurance
- baggage allowance
- fares
- quote

Exercises

Example 1-1을 보고 문제에 답하시오.

- 예약번호를 찾아 쓰시오.
- 비행기 티켓이 예약 된 날은 언제인가?
- 출발하는 날의 일정을 요약해서 적어 보시오.
- 이 여정에서 수화물이 허용된 범위는 얼마나 되는가? 어디를 보면 알 수 있나?
- 본문의 layover time이라는 것은 무엇을 의미 하는 것인가?
- 인천에서 나리타 구간의 비행기 좌석이 나와 있는가? 나리타에서 시카고 구간의 좌석은 정해져 있는 상태인가?

Example 1–2

Return Flight - Tuesday, Feb 12, 2013

American Airlines **Flight 153** Boeing 777 Passenger Jet **Seats: 31C,31D** **Airline confirmation:** FLJFBE	From **Chicago OHare** (ORD) **12:30pm** -Feb 12, Tue	To **Tokyo Narita** (NRT) **04:40pm** -Feb 13, Wed **Free baggage allowance** 2 pieces	**Nonstop** Coach **Flight Duration** 13 hr 10 min
Japan Airlines **Flight 959** Boeing 767 Passenger Jet **Airline confirmation:** BAVUHK Select Seats	From **Tokyo Narita** (NRT) **06:35pm** -Feb 13, Wed	To **Seoul Incheon** (ICN) **09:30pm** -Feb 13, Wed **Free baggage allowance** 2 pieces	**Nonstop** Coach **Flight Duration** 2 hr 55 min

Flight Duration: 16hr 05min **Layover Time:** 1hr 55min **Total Trip Time:** 18hr 00min

Baggage Fees : Most airlines now impose baggage fees. Please click the Baggage and Carry On Fees link for complete details

Please note: As Airlines have frequent schedule changes, please call the Airline 24 hours before departure to reconfirm your flight details. Airline Phone Numbers

Your ticket is **NON-REFUNDABLE** . For any changes to dates or routing, please call our Customer Service. These changes may have airline penalty and our fees. Some flights may be completely NON CHANGEABLE even with an airline penalty.

Price Details (USD)

Flight Price Details

	Traveler Type	Ticket Price	Tax & Fee Breakdown	Total
	1 Adult/s	US$ 1,372.20	US$ 120.70	US$ 1,492.90
	1 Child/ren	US$ 1,119.20	US$ 108.30	US$ 1,227.50
			Insurance Fee:	US$ 0.00
			Promo Discount:	- US$ 40.00
Charged on Credit Card - Visa - ****3388			**Subtotal:**	US$ 2,680.40
Total Booking Amount:				**US$ 2,720.40**
Total Discount (Savings):				- US$ 40.00
Total Cost:				**US$ 2,680.40**

Please Note:

- All fares are quoted in USD.
- Please print and keep this receipt. Your credit card may be billed in multiple charges totaling the above amount.
- Some airlines may charge baggage fees .

Charge Authorization, Your Electronic Signature Copy

I, MINWOO KWON , have read and agree to the Terms and Conditions and I understand that this fare is non-refundable. I agree to pay a total amount of USD **2,704.30** (Credit Card :****3388) for this purchase. I understand this is to serve as my legal signature.

Exercises

Example 1-2를 보고 문제에 답하시오.

- Return Flight 여정을 요약해서 써보시오.

- 인천에 최종 도착하는 날은 언제인가?

- 여행하는 사람은 총 몇 명인가?

- 비행기 티켓의 금액은 얼마이고 이는 무엇으로 지불되었는가?

- 본 티켓은 환불이 가능한 티켓인가?

비행기 e-ticket에서 자주 등장하는 용어 알아볼까요?

- book
- connecting flight
- non-stop
- 1 stop
- layover time
- free baggage allowance
- non-refundable
- charged on credit card
- flight duration

이번에는 다른 형식의 e-ticket을 살펴보도록 하자.

Example 2

Thank you for choosing Korean Air, your electronic ticket has been issued. Please take a moment to review your itinerary. Print a copy of your itinerary and place it inside your checked baggage for identification purpose while you are traveling.

*After Purchase
Cancellation Penalty: $300/person
Change-before departure: penalty $150/person + fare difference may apply
Change-after departure: inbound change permitted once at free of charge

KOREAN AIR SEAT #: OUTBOUND-28D28F(BASSINET) / INBOUND-28C28D(BASSINET)

Trip Locator: OOZ3OE

MINWOO KWON
MIKYUNG KIM
KAIDEN KWON

Thursday 28 May 2009			
American Airlines Inc - Flight AA 1296		**Status:**	Confirmed
Depart:	Austin Bergstrom International Airport Austin, TX, US 7:25 AM	**Airline Ref:** **Seat:** **Class:**	KUHZET 17D 17E N-Economy/Coach
Arrive:	Dallas Fort Worth Int'l Airport Dallas, TX, US 8:30 AM	**Mileage:** **Travel Time:** **Stopovers:** **Aircraft:** **Meal:**	183 1:05 0 McDonnell Douglas MD-80 All Series None
Remarks:	Requested- Infant		

Thursday 28 May 2009			
Korean Air Lines Inc - Flight KE 0032		**Status:**	Confirmed
Depart:	Dallas Fort Worth Int'l Airport Dallas, TX, US 11:00 AM Terminal D	**Airline Ref:** **Seat:** **Class:** **Mileage:**	EF265G L-Economy/Coach 6827
Arrive:	Seoul Incheon International Seoul, KR Friday, May 29, 2009 3:25 PM	**Travel Time:** **Stopovers:** **Aircraft:** **Meal:**	14:25 0 Boeing 777-200 Lunch
Remarks:	Requested- Infant Requested- Seat Request Requested- Seat Request		

Tuesday 28 July 2009			
Korean Air Lines Inc - Flight KE 0031		**Status:**	Confirmed
Depart:	Seoul Incheon International Seoul, KR 10:05 AM	**Airline Ref:** **Seat:** **Class:**	EF265G L-Economy/Coach
Arrive:	Dallas Fort Worth Int'l Airport Dallas, TX, US 9:00 AM Terminal D	**Mileage:** **Travel Time:** **Stopovers:** **Aircraft:** **Meal:**	6827 12:55 0 Boeing 777-200 Lunch
Remarks:	Requested- Infant Requested- Seat Request Requested- Seat Request		

Tuesday 28 July 2009			
American Airlines Inc - Flight AA 1717		**Status:**	Confirmed
Depart:	Dallas Fort Worth Int'l Airport Dallas, TX, US 11:20 AM	**Airline Ref:** **Seat:** **Class:**	KUHZET 19A 19B N-Economy/Coach
Arrive:	Austin Bergstrom International Airport Austin, TX, US 12:15 PM	**Mileage:** **Travel Time:** **Stopovers:** **Aircraft:** **Meal:**	183 0:55 0 McDonnell Douglas MD-80 All Series None
Remarks:	Requested- Infant		

Words Check

- choose
- electronic ticket
- issue
- take a moment
- review
- place
- identification
- cancellation
- penalty
- remark
- stopover
- class

Exercises

Example 2를 보고 문제에 답하시오.

- 표 가장 위에 나오는 penalty 규정에 대해 살펴보자. (취소할 시, 출발 전 변경, 출발 후 변경)
- 여행하는 승객은 모두 몇 명인가?
- 5월 28일의 여정에 대해 요약해서 말해보시오.
- 여행하는 승객은 모두 3명인데 2명의 좌석만 예약이 되어 진 이유는?
- e-ticket위에 나오는 노란색 박스를 해석해 보시오.

3) 미국 국내선 e-ticket

지금부터는 미국 국내에서 국내선 비행기를 타는 경우 사용하게 되는 e-ticket을 살펴보도록 하자.

Example 3

Date of Issue: 28SEP08

Min Woo Kwon:

Thank you for choosing American Airlines / American Eagle, a member of the oneworld™ Alliance. Below are your itinerary and receipt for the ticket(s) purchased. Please print and retain this document for use throughout your trip.

Record Locator: MSPXCB

Record Locator: MSPXCB

Itinerary

Carrier	Flight Number	Departing		Arriving		Booking Code
		City	Date & Time	City	Time	
American Airlines	1614	AUSTIN	SUN 05OCT 6:00 AM	CHICAGO OHARE	8:30 AM	Q
	Mikyung Kim Minwoo Kwon		FF#: M6759Y4	Economy Economy	Seat 27F Seat 27E	Food For Purchase Food For Purchase
American Airlines	1545	CHICAGO OHARE	MON 06OCT 12:10 PM	AUSTIN	2:40 PM	Q
	Mikyung Kim Minwoo Kwon		FF#: M6759Y4	Economy Economy		Food For Purchase Food For Purchase

Receipt

PASSENGER	TICKET NUMBER	FARE-USD	TAX	TICKET TOTAL
MIKYUNG KIM	0012146957411	221.40	37.60	259.00
MINWOO KWON	0012146957412	221.40	37.60	259.00
Payment Type: Visa XXXXXXXXXXXX8461				**Total:** $518.00

Words Check

- alliance
- retain
- throughout
- passenger

Example 4

Thanks for choosing Southwest for your trip! You'll find everything you need to know about your reservation below. Happy travels!

AIR Itinerary

AIR Confirmation: ZKCAU6 Confirmation Date: 11/1/2013

Passenger(s)	Rapid Rewards #	Ticket #	Expiration	Est. Points Earned
KWON/MIN WOO	Join or Add #	5262168704678	Nov 1, 2014	984

Rapid Rewards points earned are only estimates. Not a member - visit http://www.southwest.com/rapidrewards and sign up today!

Date	Flight	Departure/Arrival
Thu Nov 14	452	Depart **CHICAGO (MIDWAY), IL** (MDW) on Southwest Airlines at **1:00 PM** Arrive in **NEW YORK (LAGUARDIA), NY** (LGA) at **4:00 PM** Travel Time 2 hrs 0 mins Wanna Get Away

What you need to know to travel:

- **Don't forget to check in for your flight(s) 24 hours before your trip on southwest.com or your mobile device. This will secure your boarding position on your flights.**
- **Southwest Airlines does not have assigned seats, so you can choose your seat when you board the plane. You will be assigned a boarding position based on your checkin time. The earlier you check in, within 24 hours of your flight, the earlier you get to board.**

Air Cost: 174.90

Carry-on Items: 1 Bag + small personal item are free see full details. Checked Items: First and second bags are free, size and weight limits apply.

Fare Rule(s): 5262168704678: NONREF/NONTRANSFERABLE/STANDBY REQ UPGRADE TO Y.

Exercises

Example 3과 Example 4를 보고 문제에 답하시오.

- Example3의 AA는 어느 항공사를 말하는가?
- Example4의 여정을 요약해서 써보시오.
- Example4의 기내로 반입하는 짐의 경우 무료로 이용할 수 있는 범위는?
- Example4 티켓의 비행기표 가격은 얼마인가?
- Example4 티켓은 환불이 가능한 표인가?

쉬어가기: 항공사 마일리지로 티켓을 구매한 경우

e-ticket receipt

BRITISH AIRWAYS

Dear MR KWON,

Booking reference: **Y48GGN**

Thank you for booking with British Airways.

Ticket Type: e-ticket
This is your e-ticket receipt. Your ticket is held in our systems, you will not receive a paper ticket for your booking.

Your Itinerary

British Airways booking reference: **Y48GGN**

Passenger(s)	MR MIN KWON

Flight number	AA1624
From	Los Angeles International (CA) Terminal 4
To	O'Hare International (IL) (Chicago) Terminal 3
Depart	1 Sep 2013 15:30
Arrive	1 Sep 2013 21:35
Cabin	Economy
Operated by	American Airlines
Booking status	Confirmed

For flights operated by another carrier, charges may apply for food and drink. Please check operating carrier website for details.

Payment Information

Ticket Number(s)	125-8501564479 (MR MIN KWON)
Membership No	36430049
Redemption Type	Standard
Card Type	MasterCard
Card Holder	MR MIN KWON
Card Number	************8548
Avios points debited	10000
Payment Total	USD 2.50
Date	28 Aug 2013
Flight tickets issued by	British Airways, USA
IATA Number	33992884
Endorsements	*m*redemption/restrictions may apply/restricted refund/non endorsable
Fare Details	USD 0.00 + Tax/Fee/Charge USD 2.50 = USD 2.50
Fare breakdown	The price of your ticket includes a security and insurance surcharge and a carrier imposed charge per sector levied by the carrier. All taxes, fees and charges are to be paid by the member (not British Airways).

Please note that air travel is not subject to VAT therefore we do not issue VAT receipts.

Grammar Check!

수동태

동사에서는 시제와 태가 중요하다고는 하는데 시제는 알겠는데 태는 무슨 말이냐고요? 태는 바로 능동태와 수동태를 의미합니다.

수동태 공식 : be동사 + pp

학창시절에 선생님께 혼나본 적이 있나요? 선생님 입장에서는 혼을 내시는 거지만(능동태), 학생 입장에서는 혼남을 당하는 거죠. 이렇게 누군가에게 무엇을 당하는 것을 영어에서는 수동태라고 합니다. 아래의 문장을 살펴봅시다.

My professors wrote this book. 즉, 나의 교수님들은 이 책을 쓰셨다. 이 능동태 문장을 수동태로 바꾸면 어떻게 될까요? 이제는 책의 입장에서 기술하시면 됩니다.

- This book was written by my professors.

즉 이제 주어는 [이 책 this book]이 되는 것이고 동사파트는 수동태 공식에 따라 [be동사+pp]가 됩니다. 원래 능동 시제가 과거(wrote)였음으로 be동사는 this book에 어울리는 be동사의 과거 형태인 was가 되고 wrote의 pp 형태인 written이 오게 됩니다. 그리고 마지막으로 [by + 동사의 행위자] 즉, 책을 쓴 행위자들인 my professors가 오게 되는 겁니다. 이해가 가시죠?

여기서 [by + 동사의 행위자]는 반드시 와야 하는 구문은 아니며 필요에 의해 쓰지 않을 수도 있습니다. 아래의 예문들을 해석해 보세요.

- Office mail is delivered once a day.
- We were not surprised at the news.
- English is spoken in many countries.
- The product will not be needed any more.
- Your order has not been received yet.

다음은 수동태 문장을 시제별로 정리한 표입니다.

현재 수동	The article	is written	every week.
과거 수동		was written	a week ago.
미래 수동		will be written	next week.
현재진행수동	The movie	is being played	now.
과거진행수동		was being played	last month.
현재완료수동	Your order	has been processed	recently
미래완료수동		will have been processed	by next week.

정리하고 넘어갑시다!

1. 비서가 예약과 관련된 영어 레터나 영문서를 마주하는 상황은?

   1)

   2)

   3)

2. 상사를 위한 비행기 티켓을 예약하는 방법에는 어떤 것들이 있고, 요사이 더 빈번히 사용되는 방법은 무엇인가?

3. 다음의 단어들은 e-ticket에 자주등장하는 어휘들이다. 뜻을 적어보시오.

   book

   connecting flight

   non-stop

   1 stop

   layover time

   free baggage allowance

   non-refundable

   charged on credit card

   flight duration

   issue

NCS기반의 종합연습문제

권사장님의 비서 최은서는 상사의 해외출장을 준비하던 중, 비행기 티켓 예약을 마치고 항공사로부터 다음과 같은 e-ticket을 받았다. 오후에 업무보고를 드릴 때 e-ticket의 내용 역시 간추려 보고 드려야 한다. e-ticket의 내용을 잘 파악한 후 최비서가 보고 드려야 할 내용을 정리하여 발표해 보도록 하자.

From: United Airlines, Inc. [mailto:unitedairlines@united.com]

Sent: Thursday, January 23, 2014 11:48 AM

Subject: eTicket Itinerary and Receipt for Confirmation BT5YML

Issue Date: January 23, 2014

Traveler	eTicket Number	Frequent Flyer	Seats
KWON/MINWOO	0162394138156		18D/23D/---/9D

FLIGHT INFORMATION

Day, Date	Flight	Class	Departure City and Time	Arrival City and Time	Aircraft	Meal
Mon. 27JAN14	UA6115	M	MADISON, WI (MSN) **9:16 AM**	CHICAGO, IL (ORD - O'HARE) **10:07 AM**	ERJ-145	

Flight operated by EXPRESSJET AIRLINES INC doing business as UNITED EXPRESS.

Day, Date	Flight	Class	Departure City and Time	Arrival City and Time	Aircraft	Meal
Mon. 27JAN14	UA3349	M	CHICAGO, IL (ORD - O'HARE) **12:15 PM**	ST. LOUIS, MO (STL) **1:26 PM**	ERJ-145	

Flight operated by TRANS STATES AIRLINES doing business as UNITED EXPRESS.

If this is an originating flight on your itinerary, please check in at the UNITED AIRLINES TERM 1 ticket counter.

Day, Date	Flight	Class	Departure City and Time	Arrival City and Time	Aircraft	Meal
Tue. 28JAN14	UA3349	M	ST. LOUIS, MO (STL) **6:10 PM**	CHICAGO, IL (ORD - O'HARE) **7:25 PM**	ERJ-145	

Flight operated by TRANS STATES AIRLINES doing business as UNITED EXPRESS.

Day, Date	Flight	Class	Departure City and Time	Arrival City and Time	Aircraft	Meal
Tue. 28JAN14	UA3667	M	CHICAGO, IL (ORD - O'HARE) **9:25 PM**	MADISON, WI (MSN) **10:26 PM**	CRJ-700	

NCS기반의 종합연습문제

이어지는 부분은 티켓 가격 정보와 수화물 관련 규정 부분이다.

FARE INFORMATION

Fare Breakdown		Form of Payment:
Airfare:	666.04USD	VISA
U.S. Federal Transportation Tax:	49.96	Last Four Digits 9816
U.S. Flight Segment Tax:	16.00	
September 11th Security Fee:	10.00	
U.S. Passenger Facility Charge:	18.00	
Per Person Total:	760.00USD	
eTicket Total:	760.00USD	

The airfare you paid on this itinerary totals: 666.04 USD

The taxes, fees, and surcharges paid total: 93.96 USD

Baggage allowance and charges for this itinerary.

Baggage fees are per traveler

Origin and destination for checked baggage	1st bag	2nd bag	Max wt / dim per piece
1/27/2014 Madison, WI (MSN) to St. Louis, MO (STL)	25.00 USD	35.00 USD	50.0lbs (23.0kg) - 62.0in (157.0cm)
1/28/2014 St. Louis, MO (STL) to Madison, WI (MSN)	25.00 USD	35.00 USD	50.0lbs (23.0kg) - 62.0in (157.0cm)

상사께 보고 시 파악해야 할 점들

- 비행 정보 (언제 어디서 출발 – 언제 어디서 도착)
- 항공사 정보
- 좌석 컨펌 사항
- 총 비행기 티켓 가격
- 수화물 허용 범위와 비용

Unit 08

Reservation & Confirmation Letters ②

(예약 & 확인 편지 ②)

● 이번 단원에서는?

지난 단원에서 우리는 상사의 해외출장 준비 중, 비행기 표 예약과 관련된 영문서(특히 e-ticket)에 대해 학습하였습니다. 이번단원에서는 비서의 해외 출장 준비 중, 비행기 예약을 마치고, 호텔 예약을 하며 마주하게 되는 각종 영문서에 대하여 알아보도록 합시다.

● NCS 기반의 학습목표

1. 상사의 지시에 따라 문법과 형식에 맞추어 영문서를 작성할 수 있다.
2. 상사의 출장 준비에 필요한 호텔 예약과 확인을 위한 영문서를 작성하고 활용할 수 있다.

1. Hotel Reservation Letters (호텔 예약 편지)

1) 호텔 예약과 관련된 영문서

- Example 1-1
- Example 1-2
- Example 2

2) 호텔 예약 웹사이트를 사용하는 경우

- Example 4

- Grammar Check! the other, another?
- 정리하고 넘어갑시다!
- NCS기반의 종합연습문제 1
- NCS기반의 종합연습문제 2

1. Hotel Reservations Letters (호텔 예약 편지)

1) 호텔 예약과 관련된 영문서

비행기 예약이 끝나면 출장기간 동안 머물 호텔을 예약해야 한다. 상사가 출장을 가실 때마다 특별히 선호하는 호텔이 있으면 그 호텔을 예약하도록 하고, 잘 모르는 지역으로 가는 경우, 해당 지역을 잘 아는 분에게 호텔 예약을 부탁하는 편지를 보내기도 한다. 그렇지 않고서는 비서가 직접 호텔을 예약하게 되는데, 이 경우에도 회사와 업무 협약이 맺어진 여행사에 부탁 할 수도 있고, 아니면 해당 호텔에 직접 편지를 보내거나 홈페이지 등을 통해 예약을 할 수 있다. 다음 편지를 살펴보자.

Example 1 호텔로 직접 예약을 부탁하는 편지

[letter head]

[date]

Olympus Resorts
1024 Wisconsin Dells Parkway
Wisconsin Dells, WI 53965

Attention: Reservation Department

Dear Sirs:

We will be travelling to Wisconsin Dells on January 27 and we will be requiring a room at your hotel for the duration of 1 day for two adults and 1 child.

We would like to reserve a single room(Hotel Rome) that has 2 Queen beds included. We checked on your web-site but we could not find the information for the price of the room. Please let me know the price information.

Please guarantee my reservation with my Visa Card. No. 1234-5678-9111 which expires in November 2020.

please send me a written confirmation of my reservation as soon as possible. You could reach me at foremost762@gmail.com.

Sincerely,

Minwoo Kwon

Minwoo Kwon

Words Check

- duration
- include
- expire
- as soon as possible (ASAP)

Exercises

Example 1을 보고 문제에 답하시오.

- inside address에 특정 수신인이 없기 때문에 등장한 요소는 무엇인가?
- 해당 호텔은 어느 도시, 어느 주에 있는가?
- 호텔에 숙박 예정인 인원수는?
- 이 편지를 받고 호텔 측이 해야 하는 일은 무엇인가?

Example 2 호텔측에서 예약자에게 보낸 reservation confirmation

RESERVATION CONFIRMATION

Thank you for selecting Mt. Olympus Resorts we look forward to having you. Thank you for choosing Mt. Olympus Resorts! We look forward to having you as our guest. You will be receiving another email shortly with confirmation number once your credit card has been charged.

Min Woo Kwon 1
1-27-2012 2
1-28-2012 3
3 4
Hotel Rome-2 Queen Beds Themed 5
$75.79 6
4:00pm 7
10:30am 8

Cancellation policy:

If you cancel 72 hours prior to check in time, you will be charged a total of $30 as a processing fee. If you cancel within 72 hours of check in, you will be charged the remainder of the first night plus taxes and fees.

All guests must be 18 years of age with photo id, unless accompanied by a parent or legal guardian.

You may pre-register as early as 10:30am to receive your wristbands and enjoy the parks until your room is ready.

Stay and play free means: One night stay = 1 day at Mt. Olympus Water & Theme Park plus bonus day upon checkout. Hotel guests use of Mt. Olympus Water & Theme Park/Medusa's Indoor Waterpark is not transferable to another party or at a later date. Wristbands required for all guests to use the Water & Theme Park areas. Sorry no pets. Don't forget your beach towels for Mt. Olympus Water & Theme Park.

Mt. Olympus Resort |1881 Wisconsin Dells Parkway, WI 53965 |800.800.4997 |
www.mtolympuspark.com

Words Check

- select
- another
- shortly
- once
- prior to
- check in
- check out
- process
- remainder
- unless
- accompanied by
- pre-register
- cancellation policy

Exercises

Example 2를 보고 문제에 답하시오.

- 예약자는 언제 이 편지 말고 다른 편지를 받게 될 것인가?
- 체크인 72시간 전에 예약취소를 하면 페널티가 어떻게 되는가?
- 아래의 상자에서 어휘를 골라 위의 본문의 비어 있는 부분을 채우시오.

Arrival date, Number of Guests, Total Charge, Check-out time Check-in time, Guest Name, Departure Date, Room Type

Example 3 호텔측에서 예약자에게 두 번째로 보낸 이메일

Hotel Rome - Reservation Number: 1004157

Mt. Olympus Resorts Reservations 12. 1. 23.

나에게

This email has been sent to you by Mt. Olympus Resort. It contains an attachment which is in RTF format and contains the information you have requested. If you have any questions please feel free to contact us at (608)254-8560.

Thank You!

TempLetter.DOC
347K HTML로 보기 다운로드

● 이메일 첨부 문서(attachment)의 일부 내용

Reservation Confirmation
Reservation Number: 1004157

TO:

01/23/12
Min Woo Kwon
5002 Sheboygan Ave Apt 202
Madison, Wi 53706

Room Type: HOTEL ROME 2 Queen Room

Dear Min Woo Kwon

Thank you for your deposit in the amount of $ 75.79. This confirms your reservation with us arriving on Friday, 01/27/12, and departing on Saturday, 01/28/12. Our records indicate that there will be 3 person(s) in your party. The total cost of your stay, including tax, is $ 75.79. Your remaining balance of $ 0.00 is due upon check-in.

Please check your arrival and departure dates carefully. You will be charged for the full number of nights you have reserved. Sorry, but we are unable to give refunds on early departures. (ALL RESORT ROOMS AND BUILDINGS ARE NON-SMOKING.)

Words Check

- contain
- deposit
- indicate
- balance
- record
- due
- be unable to
- refund
- early departures

Exercises

Example 3을 보고 문제에 답하시오.

- 첫 번째 글에서 attachment라는 것은 무엇을 의미 하는 것인가?

- 두 번째 글을 보고 답하시오. 만일 급한 일이 생겨 호텔에서 숙박을 하지 않고 나온다면, 호텔 숙박 요금은 되돌려 받을 수 있는가?

- 여행자는 이미 숙박료를 완납을 한 상태인가? 남아 있는 돈이 있다면 얼마를 더 지불해야 하는가?

2) 호텔 예약 웹사이트를 사용하는 경우

상사가 선호하는 호텔이 있으면 그 호텔로 레터를 보낼 수도 있지만, 특별히 선호하는 호텔도 없고, 회사와 업무 협약을 맺은 여행사도 없다면 비서가 직접 해외 호텔을 검색해서 출장여비규정에 의한 예산의 범위 안에서 호텔을 예약해야 할 것이다. 아래 사이트는 "프라이스라인"이라는 웹페이지(www.priceline.com)를 캡처 한 화면으로 비서가 직접 호텔 예약을 할 때 어떻게 해야 하는지를 보여주고 있다.

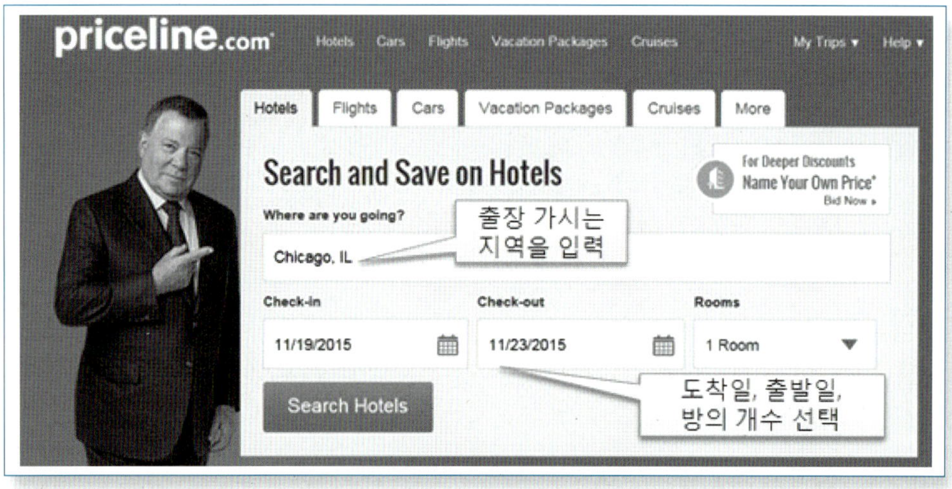

출처: http://www.priceline.com/landing/home.htm?&lrdr=secure

비서가 알아두면 유용한 여행 관련 웹사이트

- www.priceline.com
- www.expedia.co.kr → 한국어로도 제공이 되어서 편리
- http://www.travelocity.com
- http://www.cheapoair.com

Words Check

- hotel amenity
- pets allowed
- airport shuttle
- business center
- facilities
- accommodation

Search Hotels버튼을 누르면 다음페이지와 같이 결과를 보여 준다.

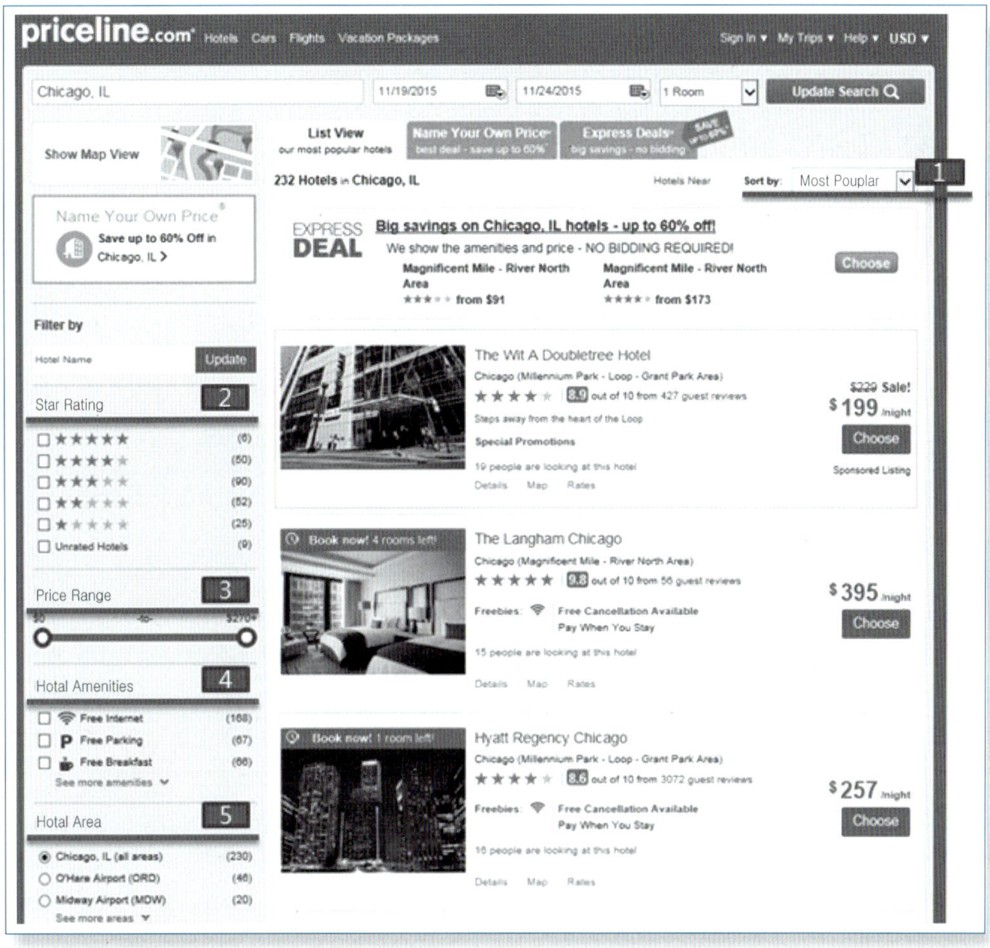

4번 Hotel Amenities 옵션	
Hotel Amenities	
☐ Free Internet	(168)
☐ Free Parking	(67)
☐ Free Breakfast	(66)
☐ Pets Allowed	(84)
☐ Swimming Pool	(85)
☐ Airport Shuttle	(35)
☐ No Smoking Rooms/Facilities	(203)
☐ Fitness Center	(158)
☐ Handicapped Rooms/Facilities	(147)
☐ Business Center	(166)

5번 Hotel Amenities 옵션	
Hotel Area	
◉ Chicago, IL (all areas)	(230)
○ O'Hare Airport (ORD)	(46)
○ Midway Airport (MDW)	(20)
○ Skokie - Evanston	(17)
○ Bridgeport - IIT	(5)
○ Franklin Park Area - Airport South	(6)
○ Hyde Park	(3)
○ Lakeview - Lincoln Park	(10)
○ Magnificent Mile - River North Area	(64)
○ McCormick Plcae - South Loop	(5)
○ Millennium Park - Loop - Grant Park Area	(39)
○ Oak Park	(5)
○ West Loop	(4)
○ Wicker Park	(6)

Example 4 priceline.com을 통해 호텔 예약 후 받은 이메일

Mr. Kwon은 미국 뉴저지로 급히 출장을 가게 되었다. 우선 비행기표를 예약한 비서는 priceline.com을 이용하여 호텔을 예약하였다. (평소 Mr. Kwon은 하얏트 호텔을 선호하는 편이다.) 아래의 이메일을 살펴보자.

Your priceline.com Itinerary for Bridgewater, NJ - Jan 27, 2013 (Itinerary #107-077-133-81)

Priceline.com Customer Service <hotel@trans.priceline.com>
to me

priceline.com

Check your request | Help

Flights | Hotels | Cars | Packages | Cruises | Activities | PriceBreakers | Rewards | Last Minute Deals

Your Bridgewater Hotel Confirmation

Thank you for booking your hotel in **Bridgewater, NJ** with priceline. Click here to access your complete itinerary and receipt, plus other information for your priceline trip.

priceline trip number: 107-077-133-81

FREE priceline NEGOTIATOR iPHONE OR ANDROID APP go

HOTEL CONFIRMATION #
Room 1: HY0016992501

view my itinerary
email my itinerary
print my itinerary
get our mobile app
share share

Hyatt House Bridgewater

Check-In Sunday, January 27, 2013 at 04:00 PM **Check-Out** Monday, January 28, 2013 at 11:00 AM

Hyatt House Bridgewater ★★★
530 Route 22 East
Bridgewater, NJ 08807
908-725-0800
hotel details | more photos | maps / directions | amenities

Room Details

Reservation Name	Room Type
Min-woo Kwon, Confirmation #: HY0016992501	1 Bd King Nonsm Various Internet Companies Have Access To Book This Rate. Questions Regarding

Summary of Charges

Room Cost (avg. per room, per night):	$161.00 (USD)
Number of Rooms:	1
Number of Guests Per Room:	2
Number of Nights:	1
Room Subtotal:	$161.00 (USD)
Taxes and Fees:	$23.37 (USD)
Total Charged to Card:	**$184.37 (USD)**

(All prices are in US dollars)

Apply for our new priceline rewards Visa card today. Get cash back.
choose your card

Exercises

Example4를 보고 문제에 답하시오.

- Hyatt House Bridgewater 호텔은 어느 주, 어느 도시에 있는가?

- Room Type에서 1 Bd King Nonsm은 무엇을 의미하는가?

Grammar Check!

the other, another?

이거야 말로 배울 때 마다 새로운 것들 중 둘째가라면 서러운 거죠?

another + 단수명사 = another	the other + 단수명사 = the other
another이라는 단어에서 an이라는 표현은 [하나]라는 뜻을 보여 주는 힌트입니다. 즉, 컵이 많은 상황에서 정해지지 않은 다른 컵 아무거나 하나를 나타낼 때 바로 another cup이라는 표현을 씁니다.	the other이라는 단어에서 the라는 표현은 [정해져 있다]라는 뜻을 보여 주는 힌트입니다. 즉, 컵이 딱 두 개 밖에 없을 때 첫 번째 컵은 누군가 사용하고 있는 상황에서 나머지 컵 하나를 나타낼 때 바로 the other cup이라는 표현을 씁니다.
other + 복수명사 = others 막연한 다른 몇몇	the other + 복수명사 = the others 정해진 나머지 모두
others + 복수명사의 표현은 더 이상 an이 등장하지 않음으로 단수가 아니라 복수를 위한 표현이라고 생각하면 됩니다. 그리고 the가 붙지 않았음으로 정해져 있지 않은 아무거나 여러 개를 가리킨다고 생각하면 되세요. 즉, 컵이 많은 상황에서 아무 컵 여러 개를 나타낼 때는 other cups라는 표현을 씁니다. 그리고 이는 짧게 others라고도 줄여쓸 수 있어요.	the other+복수명사의 표현은 the가 붙어 있음을 정해져 있는 나머지 모두를 가리킨다고 생각하면 됩니다. 즉, 컵이 10개 있는 상황에서 5개는 누군가가 사용하고 있고 남아있는 5개 전부를 가리킬 때 the other cups라는 표현을 씁니다. 그리고 이는 짧게 the others라고도 줄여 쓸 수 있어요.

another부터 설명 시작해 볼까요? 반드시 another 뒤에는 단수명사가 와야 합니다. 위에서 설명 드린 것처럼 an이 그 힌트라고 생각하면 됩니다. 그리고 the가 붙지 않았기 때문에 그냥 아무거나 하나라고 생각하면 되요.

- Could I borrowed another (book) in this library? (즉, 도서관에 있는 수많은 책 중 그냥 아무거나 책 하나 빌려도 되는가요?)하는 뜻입니다. 그리고 여기서 명사 book은 생략 가능합니다.

Grammar Check!

the other, another?

이에 반해 other 같은 경우에는 an이 떨어져 나갔기 때문에 복수형태가 온다고 생각하면 됩니다. 그리고 역시나 the가 붙지 않았기 때문에 정해진 것이 아니라 불특정 여러 개를 의미하죠.

- Some students like the teacher, but other students don't like her. 어떤 학생들은 그 선생님을 좋아 하지만, 다른 몇몇 학생들은 그 선생님을 좋아하지 않는다. 그리고 여기서 other students는 줄여서 others로 표기할 수 있습니다.

이제 the가 붙은 형태들에 대해 생각해봅시다. the가 붙은 형태는 오직 the other밖에 없어요. 하지만 the other은 뒤에 단수와 복수 모두를 취할 수 있습니다. 그리고 the가 붙었다는 것은 무엇을 의미할까요? 그렇죠. 바로 정해져 있는 것을 의미합니다. 하지만, the other 복수명사의 경우, 간단히 줄여 쓰면 바로 the others가 된다는 것 역시 꼭 알아두셔야 합니다!

- Mrs. Kim has two daughters. One is 6 years old. The other (daughter) is 9 years old. 김여사님은 딸이 두 명 있는데 하나는 6살이고 남아있는 딸 하나는 9살 이다. 여기서 딸이 두 명이니까 6살짜리를 제외하면 남은 딸은 딱 몇 명이 남아있죠? 맞아요. 정해져 있는 딸 1명 인거죠? 이럴 때 우리는 바로 The other이라는 표현을 쓰는 겁니다. the other daughter 에서 daughter이라는 명사는 생략 가능합니다.

- Only Sumi passed the exam in the department. The other students didn't. 그 과에서 오로지 수미만 시험을 통과했고 나머지 학생들은 몽땅 떨어졌다. 라는 표현입니다. 여기서 수미를 뺀 과 나머지 학생 전체를 말할 때 the other students라는 표현을 하는 것이고 이를 줄여 쓰면 the others가 됩니다. s를 꼭 빼먹지 말아야 한다는 점 잊지 마세요!

정리하고 넘어갑시다!

1. 비서가 알아두면 유용한 여행 관련 웹사이트 4가지를 기억해서 적어보자.

   1)

   2)

   3)

   4)

2. 다음 용어에 대해 조사해 보자.

   1) corporate rate(discount)

   2) late check-in

3. 다음의 문장들은 호텔 예약 시 유용한 표현들이다. 뜻을 적어보자.

   1) I would like to reserve a room for three nights.

   2) Please make a reservation one single room for two nights, from July 8 to 9.

   3) Here is my credit card information.

   4) I would like a room with the ocean view.

   5) Please let me know if we could get a corporate discount.

NCS기반의 종합연습문제 1

Daniel Kim은 Eric Sandric의 비서이다. Mr. Sandric은 12월 12일부터 2박 3일의 일정으로 해외 출장을 준비하고 있다. 아래 이메일은 Daniel이 호텔측에 예약을 요청하며 보낸 이메일이다. 잘 읽고 물음에 답하여라..

Subject	(1) 룸 예약 요청
From	danielkim@jscompany.co.kr
To	reservation@hotelsg.com

Dear (2)_________________:

I am Daniel Kim with JS Company in South Korea and I would like to reserve a single room for my boss, Mr. Eric Sandric, for 2 nights and 3 days from December 12 to 14. He will be arriving around 22:00 pm because of the late flight schedule. Is it OK that he has a late check-in? Please let me know the availability of reservation and the room rate.

(3) _________________
Daniel Kim

(4) ______________________

(1) 제목을 영작해 보세요.

(2) salutation에 [예약 메니저]라는 표현이 들어가게 하려면?

(3) 알맞은 complimentary closing을 하나 써서 넣으세요.

(4) [Mr. Eric Sandric의 비서 Daniel Kim]이라는 표현은 어떻게 해야 할까요?

NCS기반의 종합연습문제 2

DRURY HOTELS
druryhotels.com • 1-800-DRURYINN

DRURY HOTELS
1-800 DRURY INN

Drury Hotels
www.druryhotels.com

At Drury Hotels, the Extras Aren't Extra. Experience friendly service, convenient locations, hotel deals and free extras with your stay.

Hotel Information

Drury Inn & Suites Near Forest Park
2111 Sulphur Avenue
St. Louis, MO 63139
314-646-0770
Cross Streets: I-44 & Hampton Avenue
Map & Directions

****This reservation is guaranteed for late arrival****
Guarantee Policy:
Credit Cards: American Express, Carte Blanche, Diner's Club, Discover, Master Card, and Visa
Cancellation Policy:
Cancel by 6:00 pm the day of arrival

Travel Information

Arrival: Jan 27 2014
Departure: Jan 28 2014
Number of Nights: 1
1 Room(s)
1 Adult(s) per room

Room Information

Room 1 - Confirmation Number: 82194424 GUEST: KWON, MIN-WOO
Non-smoking room. One room, one king bed, microwave & refrigerator, coffeemaker EXTRAS: 32 inch LCD TV, iron & ironing board, hairdryer, comfortable seating, voice mail
Total Room 1 Rate Information
$ 102.00 per night plus taxes - Starting 01/27/14
*Local Taxes will apply.

- 호텔 측에서 이메일로 보내준 예약서를 파악하고 상사에게 이 예약 건에 대해 보고를 드려 봅시다.

NCS기반의 종합연습문제 2

- 상사께 보고 시 파악해야 할 점들
  - 호텔 위치
  - 룸 타입
  - 가격 등의 정보
  - 체크인 / 체크아웃 날짜
  - 취소 가능한 날짜

- 편지 중간에 "This reservation is guaranteed for late arrival"이라는 문장은 무슨 뜻인가?

Appendix

1) 영문 부서명

General Affairs Department	총무부
Marketing Department	마케팅부
Auditing Department	감사부
Accounting Department	회계부
Public Relations Department (PR)	홍보부
Human Relations Department (HR)	인사부
Personnel Department	인사부
Sales Department	영업부
Planning Department	기획부
Financial Department	재무부
Research and Development Department (R&D Dept.)	연구개발부
Legal Department	법무부
Purchasing Department	구매부
Advertising Department	광고부
Customer Service Department	고객관리부
Customer Satisfaction Department	고객만족부

2) 회사 관련 용어

Inc. (= incorporated)	주식회사
Ltd. (= limited)	유한회사
multinational company	다국적기업
corporate	기업의(형용사)
corporation	기업(명사)
small and medium-sized enterprise (SME)	중소기업
headquarters	본사
branch	지사
subsidiary (company)	자회사
affiliate (company)	계열사
holdings	지주회사
parent company	모회사

3) 영문 직위명

Chairman	회장
Vice Chairman	부회장
Board of Directors	이사회
CEO (Chief Executive Officer)	최고경영자
CFO (Chief Financial Officer)	최고재무경영자
President	사장
Vice President (VP)	부사장
Executive	중역
Senior Managing Director	전무이사
Managing Director	상무이사
Auditing Director	감사
General Manager	부장
Deputy General Manager	차장
Section Chief / Section Manager	과장
Assistant Manager	대리
Staff/Clerk	사원
Secretary	비서

4) 분수 표시

- $\frac{2}{3}$
  - 분자는 기수로 two
  - 분모는 서수+S로 thirds (분자가 2 이상일 경우)
  - two thirds

- $\frac{1}{3}$
  - 분자는 기수로 one
  - 분모는 서수원형으로 third
  - one third

5) 대분수 표시

쓸 때는, 숫자 V(한 칸 띄우고) 분자 /분모

- $1\frac{1}{3}$
  - 1 1/3 이렇게 쓰면 됩니다.
  - 읽을 때는 one and one third

6) 주 약어

State	Postal Service Abbreviation
Alabama	AL
Alaska	AK
Arizona	AZ
Arkansas	AR
California	CA
Colorado	CO
Connecticut	CT
Delaware	DE
District of Columbia	DC
Florida	FL
Georgia	GA
Hawaii	HI
Idaho	ID
Illinois	IL
Indiana	IN
Iowa	IA
Kansas	KS
Kentucky	KY
Louisiana	LA
Maine	ME
Maryland	MD
Massachusetts	MA
Michigan	MI
Minnesota	MN
Mississippi	MS
Missouri	MO
Montana	MT
Nebraska	NE
Nevada	NV
New Hampshire	NH
New Jersey	NJ
New Mexico	NM
New York	NY
North Carolina	NC
North Dakota	ND
Ohio	OH
Oklahoma	OK
Oregon	OR
Pennsylvania	PA
Rhode Island	RI
South Carolina	SC
South Dakota	SD
Tennessee	TN
Texas	TX
Utah	UT
Vermont	VT
Virginia	VA
Washington	WA
West Virginia	WV
Wisconsin	WI
Wyoming	WY

저자약력

정 성 휘

학력사항

이화여자대학교 비서학과(현 국제사무학과) 졸업

이화여자대학교 대학원 경영학과(경영학석사-MIS전공)

이화여자대학교 대학원 경영학과(경영학박사-MIS전공/지식경영)

경력사항

쌍용정유주식회사(현 S-Oil) 근무

인하공업전문대학 비서과 교수

한국비서학회 상임이사/편집위원

대한상공회의소 국가자격검정사무관리위원

고용노동부 세부직무분야별 전문위원회 위원

전 한국 비서학회 회장

주요논문

- 기업 내 KMS를 통한 지식이전 성공에 미치는 영향요인에 관한 연구 (한국경영학회 우수논문상, 2009)
- 비서의 개인특성과 직무 및 환경특성이 창의성에 미치는 영향 (한국비서학회 우수논문상, 2010)

김 미 경

학력사항

숙명여자대학교 문과대학 한국사학과 조기졸업

이화여자대학교 정보과학대학원 정보과학과 비서정보학전공 졸업

숭실대학교 평생교육학과 평생교육학전공 박사수료

Univ. of Illinois at Urbana-Champaign, Intensive English Institute 최고레벨 이수

경력사항

인하공업전문대학 비서과 교수

한국비서학회 이사

전 삼성중공업 부회장 비서

전 (주)신영 회장 비서

전 한국비서협회 인력관리 이사

NCS를 기반으로 한 '비서 · 사무직'의 비즈니스 영문서

초판 1쇄 발행 2016년 8월 30일
초판 3쇄 발행 2022년 2월 25일

저 자 정성휘 · 김미경
펴낸이 임순재

펴낸곳 **(주)한올출판사**
등 록 제11-403호
주 소 서울시 마포구 모래내로 83(성산동 한올빌딩 3층)
전 화 (02) 376-4298(대표)
팩 스 (02) 302-8073
홈페이지 www.hanol.co.kr
e-메 일 hanol@hanol.co.kr
ISBN 979-11-5685-421-0